ひと時の黙想

全き心を求めて

Prayers for
Emotional Wholeness
Stormie Omartian

ストーミー・オマーティアン

日本聖書協会

初めに

　神は、私たちを全き者（whole）にするという計画を持って、私たちを造られました。全き者とは、神がお造りになった私たちの姿そのもののことです。私たちが自分の人生を神に明け渡すに従って、神は私たちを通してご自身の栄光のために働かれます。そして、私たちの人生を全きものとしてくださるのです。

　全き心（emotional wholeness）とはどのような心のことでしょうか。それは、負の感情を持つことなく生きること、自分という存在や人生の行く末に、平安があることです。私自身が全き心を求める過程において、その大部分を占めていたのは、祈りでした。

　祈るとき、私たちは、神と共に過ごします。そうすることで、私たちは過去の傷や痛みから癒やされ、考えが明確になり、生きることに対して持っているべき姿勢を保つことができます。神の前に立つとき、私たちは自分の置かれている状況や周囲の人との関係の中に、死ではなく命をもたらす言葉を話すことを学びます。そして、実り多い人生を生きるために、良い選択や決定をすることを学ぶのです。

神に祈れば、私たちにはいつでも、慰め、導き、平安、愛、喜び、満ち足りた心、赦（ゆる）し、希望、解放が与えられます。怒り、心配、落ち込み、疑い、孤独、恐れ、罪悪感などの負の感情も、捨てることができます。弱いとき、障害が立ちはだかるとき、誘惑や敵の攻撃に遭うとき、私たちは祈りによって神の助けを見いだすことができるのです。

　祈りは、私たちの心が全きものとされるために大切なだけではありません。自分と周りの人との関係に癒やしがもたらされ、その関係が全き状態に回復されるためにも、祈りは必要なのです。

　祈ることで、私たちはもっと神に近づくことができます。神の近くで、私たちはこれからの自分に関するビジョンを得、自分が生きている目的をよりよく知ることができます。「将来の夢や生きる目的が必要ない」という人などいるでしょうか。私には必要です。私は今、過去の傷から抜け出し、自分が全き者となったと感じています。それでも私は、今も日々祈る必要があります。私という存在は、神がこれからも造り続ける作品だからです。

　あなたも、自分は神が創造中の作品だと感じていますか。もしそうならば、それは、神がもっと多くのものをあなたのために用意しておられると、あなたが信じているから

でしょう。そして、「神の備えておられるものを味わい、体験したい。その妨げとなっているものを、自分の人生から捨て去りたい」と願っているのではないでしょうか。

そのようなあなたにとって、この本の御言葉と祈りが助けになることでしょう。日々の黙想のために、この本を用いてください。前から順に読んでもよいですし、今祈る必要があるテーマがあるならば、そのページを直接開いてもよいのです。

この本を毎日の出発点として、神に自分の心にあることや心配事を言い表すことができますように。あなたの人生にとって大切なことについて、いっそう徹底して祈ることができますように。この本がそのための一助になることを、私は祈っています。

神が私たちのために備えておられる全き人生を、誰もがもっと必要としています。それは、私たちの想像をはるかに超えたものだからです。

ストーミー・オマーティアン

目次

1

不安や悩みから解き放たれたいとき
1月1日から1月15日の祈り

When I Need to Be Free of
Anxiety and Depression

人は心の憂いを抑えようとする。
しかし親切な言葉は憂いをも喜びとする。

箴言 12:25

　主よ、御言葉を読む度に、私は命と喜びを与えられます。
ありがとうございます。

　あなたの言葉で私の心を愛と平和で満たし、心配な気持
ちも、沈み込む思いも、悲しみも、すべてどこかに吹き飛ば
してください。あらゆる負の感情から、完全に私を解き放って
ください。

1月2日

不安や悩みから解き放たれたいとき

自分の命のことで何を食べようか何を飲もうかと、また体のことで何を着ようかと思い煩うな。命は食べ物よりも大切であり、体は衣服よりも大切ではないか。

マタイによる福音書 6:25

　主よ、あなたはこれまでずっと私を養い、長い道のりを連れてきてくださいました。将来に不安を覚えたり、生活の心配をしたりすることもありますが、あなたはこれからも私を支えてくださることを信じます。

　思い煩うことをやめ、心配事を祈りのうちにあなたの手に委ねることができるよう、どうぞ助けてください。

もしも、あなたの律法が私の喜びでなかったなら
この苦しみの中で私は滅びたことでしょう。
とこしえにあなたの諭しを忘れません。
それによって私を生かしてくださったのですから。

詩編 119:92-93

　主よ、私はあなたのものです。それゆえ、苦しみや心配事に押し潰される必要はありません。聖霊が私の内に生きておられるのです。私には悩みを乗り越え、立ち上がる力があります。あなたの諭しは私の喜びです。日々、あなたは私を新しく生かしてくださいます。

　どうぞ今日、一切の苦しみ、悲しみ、悩みを取り去り、私の心を新しくしてください。

1月4日

彼が担ったのは私たちの病
彼が負ったのは私たちの痛みであった。
しかし、私たちは思っていた。
彼は病に冒され、神に打たれて
苦しめられたのだと。

イザヤ書 53:4

主よ、あなたは私の中に軽やかな心を授け、私の痛みを代わりに担って、私が自分で負わなくてよいようにしてくださいました。

私の悲しみ、重く憂鬱な思い、息苦しさを、あなたの力で霧のように消してください。人知を超えたあなたの平和と喜びを、いつも味わうことができますように。

私の魂は夜にあなたを慕い
私の中で霊があなたを捜し求めます。

イザヤ書 26:9

　主よ、不安で眠れない夜や目の前のことに心がかき乱されているときには、いつにも増してあなたを捜し求めます。慰められることを求めて、私の魂は聖霊を慕います。

　昼も夜もあなたと過ごさせてください。あなたは不安から私を自由にしてくださる方です。絶えることなく、この自由を感じることができますように。

1月6日

不安や悩みから解き放たれたいとき

何を食べようか、何を飲もうかとあくせくするな。
また、思い悩むな。

ルカによる福音書 12:29

　主よ、告白します。生活の必要が満たされないのでは、と
心配になることがあります。住む家や食べる物はなくならな
いか、あなたが与えてくださった家族を、これからも養うこと
ができるのかと。
　心配事はあなたの御手に委ねました。将来を思い悩むこ
とがないように、私の不安を消し、平安を与えてください。

**私の魂よ、ただ神に向かって沈黙せよ。
私の希望は神から。**

詩編 62:6

　主よ、私の希望をあなたに置きます。私の人生の目的、
満たしと平安を、ほかのものや人に求めることはしません。
　心配するということは、あなたを信じる心が足りないとい
うことにほかなりません。今、私の人生をあなたに明け渡し、
あなたの恵みと力と愛に希望を置きます。どんな小さなこと
についても祈り、あなたに信頼することができるよう、私を導
いてください。

1月8日

私は嘆き疲れました。
夜ごと涙で寝床を浸し
床を漂わせています。
憂いのために目は弱り
私を苦しめる者のために衰えました。
退け、悪事を働く者は皆。
主は私の泣く声をお聞きになった。

詩編 6:7-9

　主よ、心が沈むとき、あなたを呼べば、あなたは聞いてくだ
さいます。あなたは私の泣く声を聞き、祈りに応えてくださる
のです。

　敵は私を打ち倒そうと、不安や悲しみや、また憂いを心に
吹き込もうとします。この敵に「退け」と宣言し、あなたのとこ
ろに行きます。

主は私のためにすべてを成し遂げてくださる。

詩編 138:8

　　主よ、私は時に心配し過ぎてしまいます。けれどもあなたは、何事も思い煩うことなく、どんな場合にも祈りなさいとおっしゃいました。

　　私が今悩んでいることも、あなたに委ねます。この問題をあなたの視点から見ることができるように、どうぞ助けてください。私のためにすべてを成し遂げてくださるというあなたの言葉を、私は信じます。

1月10日

不安や悩みから解き放たれたいとき

主の慈しみは絶えることがない。
その憐れみは尽きることがない。
それは朝ごとに新しい。
あなたの真実は尽きることがない。

哀歌 3:22-23

　主よ、あなたの慈しみは絶えることがなく、あなたの憐れみは朝ごとに新しく、あなたの真実は尽きることがありません。あなたの愛は無条件の愛です。あなたは私を憐れみ、私の必要をすべて満たしてくださいます。
　今もこれからも、心配することをやめ、ただあなたに委ねて祈ります。

私の魂は悲しみのあまり溶けてしまいそうです。
あなたの言葉どおりに私を立ち上がらせてください。
偽りの道を私から遠ざけ
あなたの律法によって憐れんでください。

詩編 119:28-29

　主よ、私の心から悲しみを取り去ってください。私の魂を新しくして、将来のビジョンを見せてください。私の心と生活から、偽りの道を遠ざけてください。

　あなたに誠実に仕えることができますように。御言葉の上に人生を築くことができますように。自分のことも人のことも決して偽ることなく、私のためにあなたが備えておられる道を妥協せずに歩むことができますように。

1月12日

不安や悩みから解き放たれたいとき

何事も思い煩ってはなりません。どんな場合にも、感謝を込めて祈りと願いを献げ、求めているものを神に打ち明けなさい。

フィリピの信徒への手紙 4:6

　　主よ、感謝を込めてあなたを賛美し、祈りと願いを献げます。求めているものを打ち明ければ、あなたはそれを聞き、答えてくださいます。

　　今日、私の思い煩いをあなたに委ねます。あなたは一切を取り計らい、最も私の益となるようにしてくださいます。あなたがおられるのです。私には何一つ、不安がありません。

思い煩いが私の内を占めるときも
あなたの慰めが私の魂に喜びを与える。

詩編 94:19

　主よ、私の心にある不安をあなたに委ねます。この不安を消し、あなたの慰めと平安を私の魂に与えてください。

　くよくよと思い悩むのではなく、私の人生を、また今の状況を、あなたの視点から理解することができますように。尽きることのないあなたの愛と慰めに、感謝を献げます。

1月14日

不安や悩みから解き放たれたいとき

私の魂よ
なぜ打ち沈むのか、なぜ呻（うめ）くのか。
神を待ち望め。
私はなお、神をほめたたえる
「御顔（みかお）こそ、わが救い」と。
わが神よ。

詩編 42:12

　主よ、がっかりしたり、悲しくなったり、落ち込んだりすることがあります。けれどもあなたは、私のいるこの場所を、喜びと平安とで満たしてくださいます。

　私の望みをあなたに置きます。何があってもあなたをほめたたえ、いつもあなたを求めます。あなたこそが私の神。ゆえに私の心は喜びを抱き、私の顔には笑みがあります。

神よ、私を調べ、私の心を知ってください。
私を試し、悩みを知ってください。

詩編 139:23

　主よ、私を試し、悩みを知ってください。私の心を調べ、あなたが私のために備えておられる全き人生に至る道を阻むものがあるのなら、どうぞ示してください。

　あなたに造られた、そのままの私になること、それが私の望みです。けれども不安が私の心を支配しているうちは、本来の私に戻ることはできません。悩み悲しむ者としてではなく、日々あなたの内に喜びを見いだす者として、私はあなたに造られたのです。

2
孤独から解放されたいとき
1月16日から1月27日の祈り

When I Need to Be
Liberated from Loneliness

私は世の終わりまで、いつもあなたがたと共にいる。

マタイによる福音書 28:20

　主よ、いつも私と共にいてくださり、感謝します。寂しいときにはなおのこと、あなたが一緒だということを忘れません。

　私のために命を捨てた主イエスの姿から、あなたの愛の深さが分かります。私の中に聖霊がおられるから、私にはいつもあなたの慰めがあります。

　あなたがおられること、あなたに愛されていることを、いっそう強く感じることができますように。寂しい気持ちから私を引き上げ、孤独の苦しみから永遠に解放してください。

1月17日

神は、あらかじめ知っておられたご自分の民を退け
たりなさいませんでした。

ローマの信徒への手紙 11:2

　　主よ、あなたは決して、私を拒絶したり、退けたりすること
はありません。片時も私を忘れず、いつも心に留めてくださ
います。生まれる前から私のことを知っておられ、私があな
たを知る前から、私のことを思ってくださいました。
　　私もいつもあなたの愛を思うことができますように。
そして、孤独の痛みから救われることができますように。
孤独を感じたら、「あなたに近づくように招かれている」と思
うことができるよう、私を助けてください。

今持っているもので満足しなさい。神ご自身、「私は決してあなたを見捨てず、決してあなたを置き去りにはしない」と言われました。

ヘブライ人への手紙 13:5

　主よ、今持っているもので満足することを教えてください。仲間に囲まれている人を妬んだり、羨んだりすることがないよう、私を助けてください。人が私のために何をしてくれるかに目を向けるのではなく、あなたに目を留めることができますように。

　「私は決してあなたを見捨てず、決してあなたを置き去りにはしない」と言われるあなたの言葉に、感謝します。

1月19日

孤独から解放されたいとき

あなたの夫はあなたを造られた方。
その名は万軍の主。
あなたの贖（あが）い主（ぬし）はイスラエルの聖なる方で
全地の神と呼ばれている。

イザヤ書 54:5

　主よ、あなたほど私をよく知り、気にかけてくださる方はいません。永遠に、無条件に私を愛すると、あなたは約束してくださいました。

　「望むように愛してくれない、大切にしてくれない」と人を非難することがないように、私を助けてください。どのように扱われようとも、相手に愛を示し続けることができますように。

主は、ご自分を呼ぶ人皆に
まことをもって呼ぶすべての人に近くおられます。

詩編 145:18

　　主よ、心を尽くしてあなたを尋ね求めるとき、あなたは私のすぐそばにおられます。今日、あなたを呼びます。あなたからの愛と平安、喜びと力が必要だからです。

　　聖霊が私の内にいつもおられるので、私は独りではありません。感謝します。あなたがそばにいてくださることを、今、感じさせてください。私を癒やすあなたの愛を、日々もっと意識することができますように。

1月21日

孤独から解放されたいとき

神に近づきなさい。そうすれば、神は近づいてくだ
さいます。罪人たち、手を清めなさい。二心のある者た
ち、心を清めなさい。

ヤコブの手紙 4:8

　主よ、今、あなたの前に進み出ます。聖霊によって私を新
しく満たし、生ける水で私の孤独な魂を洗ってください。あな
たがおられることに感謝しながら、次の瞬間にはあなたがい
ないかのように振る舞う、二心のある者にはなりません。

　孤独の痛みを取り去ってください。胸の奥深くに、あなた
を感じさせてください。あなたはいつも、私の心のひび割れ
を愛で塞ぎ、元の完全な形に修復してくださいます。感謝
します。

イエスは、人々が来て、自分を王にするために連れて
行こうとしているのを知り、独りでまた山に退かれた。

ヨハネによる福音書 6:15

　天の父よ、主イエスが「わが神、なぜ私をお見捨てになった
のですか」（マタイによる福音書 27:46）と叫んだとき、主イ
エスの孤独はどんなに深かったことでしょう。けれども主イエ
スが見捨てられたのは、私が見捨てられないためでした。

　私は今、永遠に孤独から解放されています。感謝します。

1月23日

孤独から解放されたいとき

もし私が裁くとすれば、私の裁きは真実である。
なぜなら私は独りではなく、私をお遣わしになった
父と共にいるからである。

ヨハネによる福音書 8:16

　天の父よ、私も主イエスのように、あなたが共におられる
ことを途切れることなく感じることができますように。
　日々あなたの愛を意識すれば、私の孤独感は消えるで
しょう。私は癒やされ、あなたに造られた元の姿へと完全に
回復されるでしょう。あなたと共に歩むなら、私は決して独り
になることはありません。

あなたは永遠の祝福を彼に与え
御前（みまえ）の喜びによって彼を楽しませる。

詩編 21:7

　天の父よ、苦難の時はいつでも、主イエスは群衆から退き、独りになってあなたと過ごす場所に行かれました。私にも、あなただけと独り過ごすことを学ばせてください。

　孤独や不安が顔を出したら、すぐにあなたの近くに行きます。あなたの愛で私を慰め、癒やしてください。

1月25日

孤独から解放されたいとき

苦しむ人の日々はつらいもの
喜ばしい心は常に宴。

箴言 15:15

　主よ、孤独に悩むとき、「私など愛されていない、誰もが私を拒否する」と、思い込むことがあります。けれども私はいつもあなたに愛されていて、拒まれることもありません。
　あなたが人生の旅路を一緒に歩んでくださるのです。寂しさを抱えて生きる必要はありません。状況がどうであれ、私には、いつも「喜ばしい心」が与えられているのです。

あなたがたに命じたことをすべて守るように教えなさい。私は世の終わりまで、いつもあなたがたと共にいる。

マタイによる福音書 28:20

　主よ、私の人生に介入し、爽やかな新しい風を吹き込んでください。あなたの愛と平安と喜びで、溢（あふ）れるほどに私を満たしてください。私の中にあなたの計画と違うものがあるなら、外に追いやってください。

　誰かと離別したとき、拒まれたとき、人とのつながりが足りないと感じているときには、私の寂しい思いを消してください。あなたにつながっていることを、もっと強く感じさせてください。

1月27日

すると主は言われた。「私自身が共に歩み、あなたに安息を与える。」モーセは言った。「あなた自身が共に歩んでくださらないのなら、私たちをここから上らせないでください。」

出エジプト記 33:14-15

　主よ、私もモーセと同じ気持ちです。あなた自身が共に歩んでくださらないのなら、どこにも行かせないでください。あなたがおられない人生など、一瞬たりとも過ごしたくはありません。

　あなたがおられるところでは、私は孤独からも、悲しみからも自由です。あなたが備えてくださる全き人生を自ら損なうことがないように、どうぞ私を助けてください。

3

恐れから救われたいとき
1月28日から2月10日の祈り

When I Need to Be
Delivered from Fear

彼らを恐れてはならない。あなたがたの神、主があなたがたのために戦ってくださる。

申命記 3:22

　主よ、将来のことが心配で、怖くなるときがあります。今日、恐れをすべてあなたの前に差し出し、代わりにあなたの平安を受け取ります。

　困難が降りかかるときには、あなたがそばにいて私のために戦ってくださることを思い出させてください。あなたが味方なら、誰が私を打ち負かすことができましょう。

恐れから救われたいとき

強く、雄々しくあれ。彼らを恐れ、おののいてはならない。あなたの神、主があなたと共に進まれる。主はあなたを置き去りにすることも、見捨てることもない。

申命記 31:6

　主よ、何が起ころうとも、あなたは私を「置き去りにすることも、見捨てることもない」と、約束してくださいました。感謝します。

　あなたの愛があるのです。私には恐れのうちに生きる理由がありません。あらゆる恐れを消し、私を安全に守ってください。将来も、安全な場所へと私を運んでください。

愛には恐れがありません。完全な愛は、恐れを締め
出します。恐れには懲らしめが伴い、恐れる者には
愛が全うされていないからです。

ヨハネの手紙一 4:18

　主よ、あなたの愛に感謝します。愛には恐れがありま
せん。今すぐに、私の恐れをあなたに委ねます。恐れに伴
う苦しみを私から取り去り、平安を与えてください。

　今この時も、あなたの完全な愛が私の内から恐れを締め
出し、完全な姿へと私は回復されていきます。私を全き者と
してくださるあなたに、感謝を献げます。

1月31日

あなたがたの神、主に従って歩み、主を畏れ、その戒めを守り、その声を聞いて、主に仕え、主に付き従わなければならない。

申命記 13:5

　主よ、私が唯一畏れるべき方、それはあなたです。私があなたに従っていないなら、あなたに従う道を教えてください。私は悔い改め、言動を変えます。

　いつもあなたに従うことができるよう私を助け、私の基を確かなものとしてください。あなたは全き人生を備えておられます。そこへ向かう歩みを妨げるあらゆるものから、私を自由にしてください。

聞け、義を知る者
私の教えを心に持つ民よ。
人のそしりを恐れるな。
彼らの罵りにおののくな。…
私の義はとこしえに
私の救いは代々に続く。

イザヤ書 51:7-8

　主よ、人にどう思われるかと恐れることがないように、私を助けてください。私はあなたに救われたのです。私を裁く人たちが何を言おうと、根本的に傷つくことはありません。人にどう思われようとも、私の価値は変わらないからです。

　批判的なことを言われても聞き流し、意に介さずにいられますように。私を傷つける人の言葉も、しょせんはこの世限りのものです。けれども私の救いは、永遠なのです。

2月2日

見よ、神は私の救い
私は信頼して、恐れない。
主こそ私の力、私の歌。
私の救いとなってくださった。

イザヤ書 12:2

　主よ、あなたを信頼し、何も恐れません。あなたこそ私の救い、私の力、私の心に湧き上がる歌。あなたは私を敵の手から救い出し、その攻撃に抗う力を与えてくださいました。今日もこれからも、私を救ってください。
　あなたの御手に私の一生を委ね、あなたが備えてくださる平安のうちに生きることを決心します。

モーセは民に言った。「恐れてはならない。しっかり立って、今日あなたがたのために行われる主の救いを見なさい。あなたがたは今エジプト人を見ているが、もはやとこしえに見ることはない。主があなたがたのために戦われる。あなたがたは静かにしていなさい。」

出エジプト記 14:13-14

　主よ、今日私は、目の前のことにひるんでいます。あなたの救いを見せてください。あなたが私のために万事を益としてくださることを信じます。

　あなたが私にくださった救いを敵は盗み取ろうとしますが、しっかりと手を放さずに守ることができるよう、私を助けてください。あなたが私の人生に責任を持ってくださるのです。何が起こっても、私はうろたえません。

2月4日

私の足は平らな所に立つ。

詩編 26:12

　失敗しそうで怖いとき、主よ、あなたを見上げます。よろめかないように支えてください。失敗してもあなたに立ち帰れば、あなたの慈しみが私を支えます。

　つまずきそうなときには、あなたに向かって手を伸ばします。私を平らな所に立たせてください。何をするにも私を守り、仕事にも人間関係にもつまずかない者としてください。

明日のことを思い煩ってはならない。明日のことは
明日自らが思い煩う。その日の苦労は、その日だけで
十分である。

マタイによる福音書 6:34

　主よ、明日を思い煩うことから私を自由にしてください。
起こりうる不幸ではなく、今日置かれている状況に集中する
ことができますように。

　あなたは私に勝利を与えてくださる方です。健康、仕事、
人間関係、人生の決断、経済、友人、家族。私の人生のすべ
てをあなたの御手に委ねます。不安や不満から完全に自由
な生き心を得、真の意味で人生の成功者となる道のりを、
あなたが支え導いてくださると信じます。

2月6日

恐れるな、私があなたと共にいる。
たじろぐな、私があなたの神である。
私はあなたを奮い立たせ、助け
私の勝利の右手で支える。

イザヤ書 41:10

　主よ、私の恐れをあなたに委ねます。恐れから私を自由にしてください。恐れに駆られて行動するのではなく、恐れからの解放者であるあなたを感じることができますように。

　あなたは私の神、恐ろしいことにも勇気をもって立ち向かえるよう助けてくださる方です。私が恐れるどんなものよりも、あなたのほうがずっと偉大なのです。

あなたに与えられた神の賜物を、再び燃え立たせな
さい。神が私たちに与えてくださったのは、臆病の霊
ではなく、力と愛と思慮の霊だからです。

テモテへの手紙二 1:6-7

　主よ、あなたは、臆病の霊ではなく、力と愛と思慮の霊を
与えてくださいました。私はあなたの完全な愛に満たされて
おり、そこに恐れの入り込む余地はありません。あなたの力
が私のために働いているのです。恐れを感じる必要がある
でしょうか。

　私には、神の霊に属する事柄を霊によって判断する力が
与えられています。臆病になったら、あなたの完全な愛を思
い出すことができますように。

2月8日

恐れから救われたいとき

イエスは言われた。「なぜ怖がるのか。信仰の薄い者たちよ。」そして、起き上がって風と湖とをお叱（しか）りになると、すっかり凪（なぎ）になった。

マタイによる福音書 8:26

　主よ、災害が起こると、「私にも同じことがあったらどうしよう」と不安になります。台風や地震の被害を目にすれば、自分も遭うのではないかと怖くなるのです。

　けれども私の信じる主イエスは、嵐を叱った方、恐れおののく弟子たちの信仰の薄さをいさめた方です。主よ、どうぞ私の信仰を強めてください。人生の嵐に襲われても、恐怖に震えるのではなく、力強く祈ることができますように。

イエスは言われた。「なぜ怖がるのか。まだ信仰がないのか。」

マルコによる福音書 4:40

　主よ、御言葉を読むと、恐れと信仰には相関関係があることが分かります。恐れとは、私を守り必要を満たしてくださるあなたの力を信じる心が足りないことの証しだからです。

　主よ、どうぞ私の信仰を育て、私の心や行動が恐れに支配されないようにしてください。私の信仰を強め、恐れを消してください。私の恐れをすべてあなたの足元に置き、完全に御手に委ねます。

2月10日

主はわが光、わが救い。
私は誰を恐れよう。
主はわが命の砦。
私は誰におののくことがあろう。

詩編 27:1

　主よ、あなたは私の光、私は誰におののくことがありましょう。あなたが私を救われたのは、滅びへと導くためではなく、ご自身の計画のためでした。恐れで心が弱くなるときには、あなたが私の命の砦であることを改めて思います。

　恐れに心を支配されることがないように、あなたの力と愛をどのような時にも感じることができますように。危害や危険からも、どうぞ私を守ってください。

4

苦難から助け出されたいとき
2月11日から2月25日の祈り

When I Need to Be
Rescued out of Trouble

神は我らの逃れ場、我らの力。
苦難の時の傍らの助け。

詩編 46:2

　主よ、あなたは必要を満たしてくださる方、苦難の時の傍らの助け。あなたは逃れ場、私を守られる方。私は苦難を恐れる必要がありません。あなたは私の力。ゆえに私は、敵対する者の前でも強くいられます。

　あなたに守られた安全な場所で私を休ませてください。良い時も悪い時も、何をするにも、あなたを求めます。

2月12日

苦難から助け出されたいとき

主よ、あなたのもとに逃れます。
私がとこしえに恥を受けることが
ないようにしてください。
あなたの正義によって私を救い出してください。

詩編 31:2

　主よ、嫌なことがあっても、あなたがその状況を良いもの
へと変えてくださることを信じます。私にとっては絶望的な
状況も、あなたの手にかかれば、プラスのものへと変わります。
　今、あなたを見上げます。今日の私の苦難も、あなたが益
としてください。人生に起こる苦難のために、私が恥を受け
ることがないようにしてください。

曲がった道には茨と罠があり
自らの魂を守る人はそこから遠ざかる。

箴言 22:5

　　主よ、人やメディアの悪い影響から自分の魂を守ることができるように、私を助けてください。あなたが「曲がった道」と呼ばれることを受け入れることのないように、識別する力を与えてください。

　　茨と罠から遠ざかります。世の汚れに鈍感になることなく、聖霊に敏感であれますように。あなたがお許しにならないことを、私が良しとしてしまうことがないように、私の心を見張ってください。

2月14日

平安のうちに、私は身を横たえ、眠ります。
主よ、あなただけが、私を
安らかに住まわせてくださいます。

詩編 4:9

　主よ、あなたの守りの御手を私の上に置いてください。
特に、健康と家庭と職場を守ってください。車や電車などで
移動する時や、通りを歩いている時も、どうぞお守りください。
　「何か悪いことが起きるのでは」という不安を私の心から
消してください。家でも外でも、あなたは私を安らかに住ま
わせてくださる方です。あなたに信頼して、私は夜も平安の
うちに身を横たえ、眠ります。

人間を恐れると、それは罠となる。
主を信頼する人は高い所で安らかである。

箴言 29:25

　主よ、あなたがいれば危険な場所さえ恐れる必要はない
ものの、あなたを試そうと愚かなことをしないように、私を見
張ってください。私の不注意で、または無知や高慢のせ
いで、災いを自ら招くことがないように私を守ってください。
　どうしても怖い所に行かざるをえない場合には、あなたが
そこにいて私を守ってくださることを感じることができますよ
うに。

2月16日

私を義とする方が近くにおられる。
誰が私と争えようか。
我々は共に立とう。
誰が私の裁き人か。
私に近づくがよい。

イザヤ書 50:8

　　主よ、あなたが私を救い、義としてくださったゆえに、敵は私に勝つことはできません。あなたは私の岩、私の力、私の砦。あなたと歩むかぎり、何者も私の人生を損ねることはできません。

　　あなたは私の祈りをいつも聞いてくださる方、苦難の時の傍らの助け。あなたに感謝を献げます。危害や苦難、悪いことから、今日も私を守ってください。

あなたがたのうち、誰が
主を畏れ、その僕（しもべ）の声に聞き従うのか。
明かりを持たずに闇を歩くときでも
主の名に信頼し、自分の神を支えとする者だ。

イザヤ書 50:10

　主よ、人生の闇を歩くとき、あなたを頼ります。あなたはいつでも私の足の灯（ともしび）、道の光。あなたを信じる私は、独りで闇を歩く必要はありません。

　私の恐れを消し、闇の中を共に歩んでくださるあなたを強く感じさせてください。私を導くあなたの声に聞き従うことができますように。あなたの指し示す方へと向かう力と覚悟を、私に与えてください。

2月18日

苦難から助け出されたいとき

急いで出なくてもよい。
逃げるようにして行かなくてもよい。
主があなたがたの前を行き
イスラエルの神がしんがりとなるからだ。

イザヤ書 52:12

　　主よ、私は苦難から慌てて逃げるのではなく、「私の前を行き、敵対する者と戦ってください」とあなたに願うことができます。どうぞ今日、私のために戦ってください。危害から守ってください。

　　あなたは私の前を行くだけでなく、しんがりとなって後ろも守ってくださいます。苦難の時にも、自分の力に頼るのではなく、あなたに頼ることができますように。

主こそ味方、私は恐れない。
人間が私に何をなしえようか。

詩編 118:6

　主よ、あなたはいつも私の味方、私を選んであなたのチームに入れてくださいます。私はあなたに愛され、受け入れられているのです。人間が私に何をなしえましょう。

　人の中傷や悪口、悪者の企てから、私を守ってください。私や愛する人の人生が、人の罪によって破壊されることのないよう、どうぞ守ってください。

私たちの助けは
天と地を造られた主の名にある。

詩編 124:8

　主よ、私の助けは御名（みな）にあります。今日、あなたの名を呼びます。あなたは天と地と、そこにあるすべてのものを造られた方、私の造り主（ぬし）。あなたは私を愛し、私を危害から守ってくださいます。

　主イエスは私の救い主、苦難から私を救い出してくださる方。その救いは永遠です。聖霊は私の導き手。無益なことに近づかないよう、私を導いてくださる方です。感謝します。

主は荒れ野で、獣のほえる不毛の地で彼を見つけ
彼を抱き、いたわり
ご自分の瞳のように守られた。

申命記 32:10

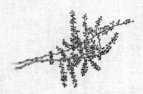

　　主よ、この僕はへりくだってあなたのところに行き、感謝を献げます。苦難やトラブルから私を守ってくださり、ありがとうございます。私の健康と心、家族と経済を、どうぞ守ってください。

　　私に対して造られる武器は、どのようなものであれ役に立つことはありません。あなたは私をあなたの目に義としてくださり、人の悪口や誹謗中傷からも守ってくださいます。感謝します。

2月22日

苦難から助け出されたいとき

彼が私を呼び求めるとき
私は答えよう。
苦難の時には彼と共にいる。
彼を助け出し、誉れを与えよう。
長寿を授けて彼を満たし
私の救いを見せよう。

詩編 91:15-16

　主よ、あなたは、苦難の時には共にいて、私が呼び求める
とき救い出してくださる方です。今日もこれからも、苦難から
私を助け出し、私を滅ぼそうとする敵の 謀 から救い出してく
ださい。邪悪な者から私を守ってください。長寿を授け、満ち
足りた人生を与えてください。

　あなたの救いに感謝します。私を愛し、祈りを聞いて答え
てくださるあなたに、感謝を献げます。

主を畏れることは命の泉
死の罠から逃れることができる。

箴言 14:27

　主よ、あなたは私の人生の主、世の何よりもあなたを崇めます。あなたを賛美すると、聖霊の力が放たれ、私に命を与えます。あなたの命の水の流れに身を委ねれば、私は滅びと死の淵から逃れることができるのです。

　あなたを賛美すれば、日々生じる困難を超えた高みまで、私は運ばれて行きます。そこはあなたのおられる場所、安全な所です。何があっても、まず初めにあなたを賛美することができるよう、私を助けてください。

2月24日

たとえ、軍勢が私に対して陣を敷いても
私の心は恐れない。
たとえ、戦いが私に向かって起こっても
私の信頼は揺るがない。…
災いの日に、主は私を仮庵に隠し
幕屋の隠れ場にかくまい
大岩に高く引き上げてくださる。

詩編 27:3,5

　愛する主よ、たとえ、敵が私に向かって来ても、あなたへの信頼は揺らぎません。「私は決してあなたを見捨てず、決してあなたを置き去りにはしない」(ヘブライ人への手紙13:5)とあなたが約束してくださったからです。

　あなたが共におられるのです。苦難の時も、私の心は恐れません。

私は主、あなたの神。
あなたの右手を取って
「恐れるな、私があなたを助ける」と言う。

イザヤ書 41:13

　主よ、あなたに向かって手を上げ、祈ります。私の右手を取って、苦難から私を助け出し、恐れも痛みも苦しみも、すべて消してください。心を開いて悩みをあなたに相談することができるよう、私を助けてください。

　苦難の時、いつも傍らにいて助けてくださるあなたに感謝します。あなたがおられるゆえに、私はどのような困難にも、恐れではなく希望を持って向き合うことができます。

5
誘惑に抗い、主の道を守りたいとき
2月26日から3月14日の祈り

When I Need to
Resist Temptation
and Live God's Way

私が心に悪事を見ているなら
わが主はお聞きにならないでしょう。
しかし、まことに神は聞き入れ
私の祈る声に心を向けてくださいました。

詩編 66:18-19

　神よ、あなたに逆らう誘惑に打ち勝つことができますように。
私が心に悪事を見ているなら、あなたはお聞きにならないで
しょう。あなたが喜ばれないことをしないだけでなく、考え
ることさえしないように、私を助けてください。

　あなたに栄光を帰する者となり、あなたが望まれるとおり
に生きること、それが私の望みです。あなたが私のために備
えてくださるすばらしい人生へと、進み行かせてください。

2月27日

誘惑に抗い、主の道を守りたいとき

主への畏れは清く、いつまでも続く。
主の裁きは真実で、ことごとく正しい。…
あなたの僕もこれらによって教えを受けました。
これらを守るとき報いは大きい。

詩編 19:10,12

　主よ、いつもあなたに従うことができますように。あなたの
道から決して外れることがないように、私の霊的な状態をい
つも見張ってください。あなたの目に正しくないことをしよう
としたら、諭してください。

　あなたの諭しを固く守る者に、あなたはすばらしい報いを
与えてくださいます。その報いとは、自分自身であることに安
心し、満ち足りた、全き心と人生です。

誘惑に抗い、主の道を守りたいとき

敬虔<rp>（けいけん）</rp>のために自分を鍛えなさい。体の鍛錬も多少は役に立ちますが、敬虔は、今と来（きた）るべき時の命を約束するので、すべてに有益だからです。

テモテへの手紙一 4:7-8

　主よ、私自身の力に頼る人生ではなく、聖霊の力に頼って生きる人生には、大きな報いと益があります。

　いつもあなたの言葉に従って生きることができますように。それ以外の生き方を拒む力を与えてください。どうぞ私を鍛え、「今と来るべき時の命を約束するので、すべてに有益」な敬虔に至らせてください。

3月1日

誘惑に抗い、主の道を守りたいとき

私の戒めを受け入れ、それを守る人は、私を愛する者である。私を愛する人は、私の父に愛される。私もその人を愛して、その人に私自身を現す。

ヨハネによる福音書 14:21

　主よ、日々、あなたはご自身を現してくださり、あなたの愛のゆえに私は生かされています。あなたがおられることを感じ、あなたの愛に気付かされる度に、私は全き者とされていきます。

　いつもあなたの戒めを守り、導きに完全に従うことができますように。私を助け、あなたを深く愛する者としてください。あなたに喜ばれる、心からの礼拝を献げる者へと、私を成長させてください。

神の戒めを守る人は、神の内にとどまり、神もその人の内にとどまってくださいます。神が私たちの内にとどまってくださることは、神が私たちに与えてくださった霊によって分かります。

ヨハネの手紙一 3:24

　主よ、的外れな生き方をすることなく、あなたの戒めを守り、いつもあなたの内にとどまることができますように。

　私の人生の計画は、あなたが私のためにお持ちの計画と一致しているでしょうか。もし違うなら、どうぞ私の心に語りかけてください。

　自分が正しく生きていると思い込むことなく、どのように生きたらよいかをあなたに尋ねつつ、人生を歩むことができますように。

3月3日

誘惑に抗い、主の道を守りたいとき

**無知であると、人間は自分の道を誤り
しかも主に対して心をいらだたせる。**

箴言 19:3

　主よ、愚かな行動であなたが備えておられる道を誤ることがないように、あなたの知恵で私を導いてください。あなたの目に正しくないことをする誘惑に、抗うことができますように。

　起きたことをあなたのせいにして心をいらだたせたことが、私にはあります。この罪を告白し、赦しを乞います。私の心から無知を取り除いてください。何をするにも、正しい選択や決断ができる力を与えてください。

偽りを言う証人は罰を免れず
虚偽を話す者は滅びる。

箴言 19:9

　愛する主よ、嘘のない真実な人となるために、あなたの助けが必要です。私の内に住むあなたの真実の霊にふさわしい生き方をさせてください。

　虚偽を話す者は滅びます。たとえ小さな嘘であっても、偽りを言う誘惑に抗うことができますように。

　いつもあなたの真実を優先し、世と妥協することがないように、私を助けてください。人に信頼される、真実で誠実な者へと、私を成長させてください。

3月5日

誘惑に抗い、主の道を守りたいとき

民は、指導者がいなければ倒れ
助言者が多ければ救いを得る。

箴言 11:14

　主よ、あなたの目に適う判断ができるように、あなたからの知恵を持つ信仰の人に助言を求めます。

　あなたの道を守るよう励ましてくれる人を私の近くに置いてください。あなたと共に歩んでいない仲間のまねをしてつまずくことのないように、どうぞ私を守ってください。

幸いな者
背きの罪を赦され、罪を覆われた人。

詩編 32:1

　主よ、あなたの律法に背いたことを赦してください。罪を告白しないままにすれば、あなたが私のために備えておられる恵みの賜物を得ることはできません。罪の支払う報酬は死、そして滅びへの隷属です。

　今日、御前にすべての罪を告白します。死と滅びから私を解放してください。悔い改める必要があることを示してください。あなたに背く誘惑に背を向け、御旨のただ中で毎日を生きます。

3月7日

誘惑に抗い、主の道を守りたいとき

悪しき者はその道を捨て
不正な者は自らの思いを捨てよ。
主に立ち帰れ
そうすれば主は憐れんでくださる。
私たちの神に立ち帰れ
主は寛大に赦してくださる。

イザヤ書 55:7

　主よ、私の心には罪があり、誘惑が胸をよぎることもあります。あなたに栄光をもたらさない私の思いを赦し、聖霊を悲しませる欲望を消してください。

　あなたを愛する者に、あなたの赦しは限りがありません。他の何よりもあなたを愛します。あなたは私が全き人生へと至る道を備えておられます。その道を自ら閉ざすことがないように、罪から離れます。

誘惑に抗い、主の道を守りたいとき

与えなさい。そうすれば、自分にも与えられる。人々は升に詰め込み、揺すり、溢（あふ）れるほどよく量って、懐に入れてくれる。あなたがたは、自分の量る秤（はかり）で量り返されるからである。

ルカによる福音書 6:38

　主よ、あなたの望まれるとおりに、あなたが望まれる時に、あなたにも人にも私自身を献げ、私の時間や持てるものを与えることができますように。誰に、何を、どのように与えるべきかを教えてください。

　与えることはあなたに従うこと、それは大きな恵みです。聖霊の力が私の人生に自由に働くことを妨げることがないように、与えるべき時に、ふさわしい方法で人に与えることができますように。

3月9日

誘惑に抗い、主の道を守りたいとき

私の霊をあなたがたの内に授け、私の掟に従って歩ませ、私の法を守り行わせる。

エゼキエル書 36:27

　主よ、あなたは私の内にあなたの霊を授けてくださいました。あなたの掟に従って歩ませてください。

　あなたの法を守り、あなたが私のために備えられた良いものを余すところなく受け取り、すべてにおいて栄えること、それが私の望みです。日々、御旨を行うことができるよう、私を助けてください。

幸いな者

悪しき者の 謀 に歩まず

罪人の道に立たず

嘲る者の座に着かない人。

主の教えを喜びとし

その教えを昼も夜も唱える人。

詩編 1:1-2

　主よ、助言が必要な時は、信仰のある人に求めることができますように。相談すべき相手を教えてください。

　あなたの教えを私の喜びとし、愛します。あなたの導きに従って生きたいのです。私の心があなたの掟で満たされるように、御言葉に浸る時間を毎日作ることができますように。

　御旨に従って歩む者が受ける祝福を、私にも受け取らせてください。

3月11日

誘惑に抗い、主の道を守りたいとき

そのように、私の口から出る私の言葉も
空しく私のもとに戻ることはない。
必ず、私の望むことをなし
私が託したことを成し遂げる。

イザヤ書 55:11

　主よ、あなたの言葉は生きていて、力があり、あなたが語られたことは必ず成就します。

　私の内に生きる御言葉が私を成長させ、あなたに造られたままの私へと回復してくださいますように。本来の私、それは、自分自身であることに満ち足り、多くの実りを生み出すことのできる私です。

　御国のために大きな仕事を成し遂げることができるように、御言葉を私の内に働かせ、私を整えてください。

誘惑に抗い、主の道を守りたいとき

私の思いは、あなたがたの思いとは異なり
私の道は、あなたがたの道とは異なる
——主の仰せ。
天が地よりも高いように
私の道はあなたがたの道より高く
私の思いはあなたがたの思いより高い。

イザヤ書 55:8-9

　主よ、あなたの道は私の道より高く、あなたの思いは私の思いより高いと、あなたはおっしゃいます。どうぞあなたの力で、あなたの道を私の道とし、あなたの思いを私の思いとしてください。

　私の一生をあなたの視点から見渡し、枝葉に捕らわれることなく人生を大局的に捉えることができるよう、私を助けてください。

3月13日

誘惑に抗い、主の道を守りたいとき

この方の御心を行おうとする者は、私の教えが神から出たものか、私が勝手に話しているのか、分かるはずである。

ヨハネによる福音書 7:17

　主よ、聖書は私に対するあなたの言葉です。聖書を信頼し、御言葉に従って行動することを決心します。

　あなたの言葉を私の中に植え付け、私の心を清めてください。御言葉を深く理解し、いつも御心を行う者へと、私を変えてください。

主の契約と定めを守る者にとって
主の道はすべて慈しみとまこと。

詩編 25:10

愛する主よ、物事を完璧にできないときも、あなたの慈しみと愛は変わりません。いつも忠実にそばにいてくださるあなたに、感謝を献げます。

あなたの定めを守り、あなたが喜ばれることをできるように、どうぞ私を助けてください。慈しみとまことの道を歩むことができますように。

命あるかぎり、あなたの恵みと慈しみが私を追うことを、私は望みます。

6

怒りを捨て、忍耐強くなりたいとき
3月15日から3月28日の祈り

When I Need to Forsake Anger and
Gain Patience

見識ある人は怒りを遅くし
背きの罪を赦すことがその人の誉れ。

箴言 19:11

　主よ、怒りを遅くする見識を授けてください。過去の怒りも捨てさせてください。不当な仕打ちや無礼な扱いを受けても怒らずに、相手のしたことを見逃すことができますように。

　私の怒りをすべてあなたに委ねます。代わりにあなたの愛と忍耐を与えてください。怒りをそのままにしている間は、私は全き者となることはできません。私のために用意されている未来からも、遠ざかってしまうのです。

3月16日

怒りを捨て、忍耐強くなりたいとき

怒りを解き、憤りを捨てよ。
怒りを燃やすな。それはただ悪を行うに至る。

詩編 37:8

　主よ、何があっても、怒りを解き、憤りを捨てることができますように。誰かに感情を害されても、受けた傷から立ち上がることができるよう助けてください。

　起きたことをすぐに手放し、相手を赦すなら、心に怒りの入り込む隙はなくなるでしょう。

　あなたの力で私を変え、罪の性質ではなくあなたの性質を持つ者としてください。相手や状況にかかわらず、忍耐強くあることができますように。

嘲る者は町に騒動を起こし
知恵ある人が怒りを鎮める。

箴言 29:8

　主よ、あなたは私を強めて、日々を生き抜く力、物事に立ち向かう力を与えてくださいます。あなたの力に比べれば、目の前の大きな問題さえ、取るに足りないものです。

　聖霊の力で私を強め、すべてを時に適って行われるあなたの御業に信頼させてください。私が怒りを捨て、人や周りの状況に辛抱強く対処し、あなたの召しに応えることができるよう、力と忍耐を与えてください。

3月18日

怒りを捨て、忍耐強くなりたいとき

主は憐れみ深く、恵みに満ち
怒るに遅く、慈しみに富む。

詩編 103:8

　主よ、あなたのようになること、それが私の望みです。
あなたは怒るに遅く、慈しみに富む方。私を慈しんでくださ
るあなたの愛をもっとよく知り、私も人を慈しむことができま
すように。

　何かをきっかけに感情を爆発させたり、理性を失ったりす
ることがないように、私を守ってください。こうしたことは私の
罪の性質から来るものだからです。私の中に生きておられる
聖霊を映し出す者となれるよう、私を変えてください。

柔らかな受け答えは憤りを鎮め
傷つける言葉は怒りをあおる。

箴言 15:1

　主よ、不親切な人にも、無礼な人や無神経な人にも怒り
の言葉で応酬することがないように、私を助けてください。
そのようなことをすれば結局は私が後悔し、聖霊を悲しませ
ることになるからです。

　人が私に腹を立てているのなら、その怒りが正当である
か否かにかかわらず、争いをあおる言葉で反応するのでは
なく、柔らかな受け答えをすることができますように。

3月20日

怒りを捨て、忍耐強くなりたいとき

憤りやすい者はいさかいを引き起こし
怒りを遅くする人は争いを鎮める。

箴言 15:18

　神よ、いさかいを引き起こしたり、人と口論したり、怒りを爆発させたりすることがないように、忍耐強く愛に満ちた心を与えてください。

　あなたの力で私を変え、怒りを遅くする者、争いを鎮める者、平和を造る人としてください。そして、あなたが私のために備えておられる、全き恵みの人生に至らせてください。

怒りを遅くする人は勇士にまさり
自分の心を治める人は町を占領する者にまさる。

箴言 16:32

　主よ、自分の心を治めるということは、実に難しいものです。感情に支配されることがないように、力を与えてください。

　怒りを爆発させたり、後で後悔することを言ったりしないように、また反対に怒りを溜め込んだり、自らが病んでしまうこともないように、私を助けてください。

　人に対する思いやりと愛に溢れた、忍耐強い心を持つことができますように。

3月22日

怒りを捨て、忍耐強くなりたいとき

神は、アブラハムに約束をする際に、ご自身より偉大な者にかけて誓えなかったので、ご自身にかけて誓い、「私は必ずあなたを大いに祝福し、あなたを大いに増やす」と言われました。こうして、アブラハムは忍耐の末に、約束のものを得ました。

ヘブライ人への手紙 6:13-15

　主よ、御旨が私の人生で成就するまで、アブラハムのように忍耐強く待つことができますように。

　我慢ができずに怒りをあらわにすれば、あなたの恵みの内へと入って行くことはできません。私が怒れば、あなたが私の内になさる御業を妨げ、ご計画を遅らせることになります。忍耐がなければ、約束のものを得ることはできないのです。

あくまでも忍耐しなさい。そうすれば、何一つ欠けた
ところのない、完全で申し分のない人になります。

ヤコブの手紙 1:4

　主よ、忍耐するなら私は「申し分のない人」となることがで
きますが、怒りを我慢しないなら私の人生は損なわれます。
ですから忍耐強くなることを決心します。そうすればあなたは、
何一つ欠けたところがない、全き者に私を完成してくださる
でしょう。

　あなたはその御業（みわざ）を私の内に始めておられます。それを
私が邪魔することのないように、人生のそれぞれの局面に
忍耐を持って向き合うことができますように。

3月24日

怒りを捨て、忍耐強くなりたいとき

罪を犯して打ち叩かれ、それを耐え忍んでも、何の誉れになるでしょうか。しかし、善を行って苦しみを受け、それを耐え忍ぶなら、これこそ神の御心に適うことです。

ペトロの手紙一 2:20

　主よ、努力して正しいことをしても責められたり、誤解されたりすることがあります。それでも感情を害さず、むしろ人を理解しようと努めることができますように。

　人の欠点ではなく、その人の中の最善に目を向けさせてください。赦し、忍耐する者へと、私を変えてください。

怒りを捨て、忍耐強くなりたいとき

恨み、憤り、怒り、わめき、冒瀆はすべて、一切の悪
意と共に捨て去りなさい。互いに親切で憐れみ深い
者となり、神がキリストにおいてあなたがたを赦して
くださったように、互いに赦し合いなさい。

エフェソの信徒への手紙 4:31-32

　主よ、侮辱されても怒らずに、あなたに栄光をもたらす対
応ができるよう、忍耐力を与えてください。平和的な手段を
選び、落ち着いて対処することができるように、分別を与え
てください。

　怒りをあらわにした結果、あなたが与えてくださる良いも
のを遠ざけ、人生を台なしにしてしまうことを、私は望みま
せん。あなたの愛と平和の中に生きることを、日々選び取る
ことができますように。

3月26日

怒りを捨て、忍耐強くなりたいとき

憤りは残忍、怒りは洪水。
妬みの前に誰が耐ええよう。

箴言 27:4

　主よ、どんなに小さな妬みも心に入り込む隙を与えないように、あなたの平和と喜びで私を満たしてください。いつも人を愛し、親切に接することができますように。私が弱いときにも、怒りの洪水で自滅することがないよう、私を助けてください。

　あなたは必要なものをすべて与えてくださる方です。私の心に必要な忍耐と平和を求めて、あなたを見上げます。

事の終わりは始まりにまさる。
気の長さは気位の高さにまさる。

コヘレトの言葉 7:8

　主よ、私には物事の全容を見渡すことはできません。けれどもあなたには可能です。最後まで気長に待つこと、結論を急ぎ過ぎないことを私に教えてください。

　高慢な怒りを人に向けず、気位の高い態度を取ることなく、信頼できない相手にも分け隔てなく接することができますように。あなたがくださる慈しみと恵みを、へりくだった心で人に与えることができますように。

3月28日

怒りを捨て、忍耐強くなりたいとき

きょうだいたち、あなたがたに勧めます。秩序を乱す者を戒めなさい。気落ちしている者を励ましなさい。弱い者を助けなさい。すべての人に対して寛大でありなさい。

テサロニケの信徒への手紙一 5:14

　主よ、誰に対しても忍耐強くあることができますように。相手が傷つくことを言わざるをえないときには、愛と思いやりをもって伝えることができますように。いらいらせず、人を不快にさせず、憐れみ深く、人を慰め励ます者となれますように。

　私の心から怒りを取り去り、代わりにあなたの愛を与えてください。あなたの霊の結ぶ実を、私の内に豊かに実らせてください。

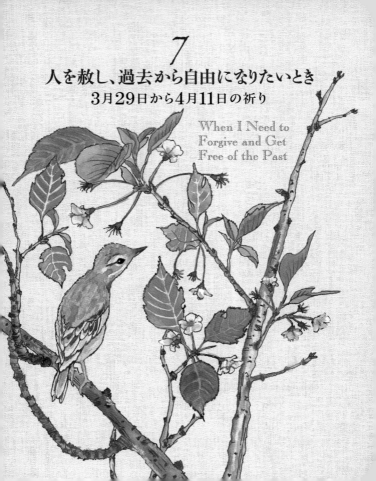

7
人を赦し、過去から自由になりたいとき
3月29日から4月11日の祈り

When I Need to
Forgive and Get
Free of the Past

癒やされるように、互いに罪を告白し、互いのために祈りなさい。正しい人の執り成しは、大いに力があり、効果があります。

ヤコブの手紙 5:16

　主よ、赦しを乞うべき相手を示してください。意図的もしくは無意識に人を傷つけたなら、そのことを分からせてください。あなたとその人に罪を告白し、赦しを求めます。

　互いに赦し合うために共に祈るべき相手も教えてください。赦すことで、私たちは癒やされるからです。

3月30日

人を赦し、過去から自由になりたいとき

私はあなたに罪を告げ
過ちを隠しませんでした。
私は言いました
「私の背きを主に告白しよう」と。
するとあなたは罪の過ちを
赦してくださいました。

詩編 32:5

　主よ、あなたの前にいつも開かれた清い心でいること、
それが私の望みです。悔い改めるべきことを告白し、あなた
の完全な赦しを受け取ります。

　私が隠している過ちに気付かせ、あらゆる不義から私を
洗い清めてください。あなたの内に私を生かし、全き心と
すばらしい人生を受け取らせてください。

人を裁くな。そうすれば、自分も裁かれない。人を罪に定めるな。そうすれば、自分も罪に定められない。赦（ゆる）しなさい。そうすれば、自分も赦される。

ルカによる福音書 6:37

　主よ、私が人を裁いたら、どうぞ赦してください。私を傷つける人も赦せるよう、私を助けてください。私が人を罪に定めるならば、私もあなたの完全な赦しを受け取ることはできません。

　あなたと私の間を隔てるものはあってはなりません。それが人を赦さない私の心ならば、なおさらです。

4月1日

人を赦し、過去から自由になりたいとき

私は言っておく。敵を愛し、迫害する者のために祈りなさい。天におられるあなたがたの父の子となるためである。父は、悪人にも善人にも太陽を昇らせ、正しい者にも正しくない者にも雨を降らせてくださるからである。

マタイによる福音書 5:44-45

　主よ、私を傷つけた人を愛し、ひどいことをした人の祝福を祈り、失礼な人に親切にする力を与えてください。祈りたいと思えない相手のためにこそ祈ることができるよう、私を助けてください。

　私はあなたの子どもです。あなたの愛と慈しみの性質を、私も受け継ぐことができますように。

父よ、彼らをお赦（ゆる）しください。自分が何をしているのか分からないのです。

ルカによる福音書 23:34

　神よ、主イエスは、ご自分を憎み、迫害し、殺した人々を愛し、ためらうことなく赦しました。私を傷つけ、憎み、利用した人々のことを、主イエスのように愛し、赦すことができますように。

　憤りも、苦々しい思いも、人が落ちぶれるのをいい気味だと思う気持ちや復讐心（ふくしゅうしん）も、私の心から取り去ってください。聖霊の力によるならば、真に敵を愛し赦すことが私にもできるはずです。

4月3日

人を赦し、過去から自由になりたいとき

もしきょうだいが罪を犯したなら、戒めなさい。そし
て、悔い改めれば、赦してやりなさい。一日に七回あ
なたに対して罪を犯しても、七回あなたの方を向い
て、「悔い改めます」と言うなら、赦してやりなさい。

ルカによる福音書 17:3-4

　主よ、人を裁くことをやめ、相手のために祈ることができる
よう、私を助けてください。
　私が赦すことができずにいる相手のことを、あなたの御
手に委ねます。そうすれば私は、私の裁く裁きで裁かれるこ
とはありません。
　主イエスが言われるように、何回でも人を赦すことのでき
る者へと、私を変えてください。

私、この私は、私自身のために
あなたの背きの罪を消し去り
あなたの罪を思い起こすことはない。

イザヤ書 43:25

　主よ、私はあなたに多くを赦（ゆる）されてきました。まるで初めから罪などなかったかのように、あなたは御子（みこ）の血で私を覆い、私を自由にしてくださいました。

　私もあなたのように人を完全に赦すことができますように。相手を自分に縛りつけることをやめなければ、私自身の心も病んでしまうでしょう。けれども相手を赦すなら、私は自由になり、私の心も完全に回復されるのです。

人を赦し、過去から自由になりたいとき

私たちが自分の罪を告白するなら、神は真実で正しい方ですから、その罪を赦し、あらゆる不正から清めてくださいます。

ヨハネの手紙一 1:9

　主よ、不正や罪が私の生活にあるならば、それから清めてください。私が罪を告白するなら、真実な方であるあなたは私を赦し、あらゆる罪から私の心を清めてくださいます。

　赦せずにいる人がいることを告白します。赦さないことは、あなたの道から外れたことです。過去に捕らわれることなく、あなたが私のために用意しておられる未来へと歩みだします。

見てください、私の苦しみと労苦を。
取り除いてください、私の罪のすべてを。

詩編 25:18

　主よ、全き者とされるためには、あなたに罪を告白し、完全に赦されなければなりません。私の行動や思いの中に告白すべき罪があるならば、示してください。あなたの前にそれを言い表します。そして、人を傷つけあなたを悲しませる言動を、すべて悔い改めます。

　あなたと人の前に私を義としてください。すべての罪から私を清め、罪がもたらす痛みや破滅から解放してください。

4月7日

人を赦し、過去から自由になりたいとき

不法を赦され、罪を覆われた人は
幸いである。

ローマの信徒への手紙 4:7

　主よ、あなたが私を憐れんでくださるように、私も人を憐れむことができますように。人を裁いたり責めたりするのではなく、受け入れ赦すことを選ばせてください。私が人を赦すなら、私もあなたに赦され、罪から解放されます。人との関係を速やかに、完全に修復する力を与えてください。

　同じ力を他の人にも与えてください。意図的または無意識に私が人を傷つけたなら、相手も私を赦すことができるよう、その人を助けてください。

立って祈るとき、誰かに対して何か恨みに思うことがあれば、赦してあげなさい。そうすれば、天におられるあなたがたの父も、あなたがたの過ちを赦してくださる。

マルコによる福音書 11:25

　主よ、私が誰かを恨み、赦していない相手がいるならば、どうぞ教えてください。

　あなたの諭しに従って人を赦すなら、私もあなたに赦され、私の人生には聖霊の満たしが豊かに与えられるでしょう。

4月9日

人を赦し、過去から自由になりたいとき

先にあったことを思い起こすな。
昔のことを考えるな。
見よ、私は新しいことを行う。
今や、それは起ころうとしている。
あなたがたはそれを知らないのか。
確かに、私は荒れ野に道を
荒れ地に川を置く。

イザヤ書 43:18-19

　主よ、私の人生に過去が居座ったままでは、あなたに新しいことを起こしていただくことはできません。失敗を思い起こすことなく、あなたに委ねます。自分を赦すことができるよう私を助け、心の傷を癒やしてください。

　あなたは私の失敗からも、良いものを生み出してくださいます。あなたは荒れ野に道を置いてくださる方、私の人生の乾ききった荒れ地に聖霊で水を注ぎ、川を置いてくださる方です。感謝します。

人を赦し、過去から自由になりたいとき

きょうだいたち、私自身はすでに捕らえたとは思っていません。なすべきことはただ一つ、後ろのものを忘れ、前のものに全身を向けつつ、キリスト・イエスにおいて上に召してくださる神の賞を得るために、目標を目指してひたすら走ることです。

フィリピの信徒への手紙 3:13-14

　愛する主よ、苦痛な過去の記憶、私を苦しめ支配する悪い記憶を、今すぐに御手に委ねます。

　後ろのものを忘れ、あなたが私のために備えてくださるものに全身を向けつつ走らせてください。

　歴史から教訓を得るように、過去は過去としてそこから学びながらも、過去に生きることをやめます。

4月11日

人を赦し、過去から自由になりたいとき

主君は怒って、借金を全部返すまで、家来を拷問係に引き渡した。あなたがたもそれぞれ、心からきょうだいを赦さないなら、天の私の父もあなたがたに同じようになさるであろう。

マタイによる福音書 18:34-35

　主よ、「赦せない」という思いに捕らわれているうちは、あなたが私に与えてくださる完全な人生を見いだすことはできません。赦すことのできない相手のことも、私の心をがんじがらめにしている過去の出来事も、御手に委ねます。

　苦々しい思いや赦せない思いがあると、心も体も苦しみます。悪い記憶を手放し、過去から自由になることができますように。何にも妨げられることなく、あなたと一緒に未来に向かって歩みだします。

8
心に希望と喜びが必要なとき
4月12日から5月5日の祈り

When I Need Hope and Joy
in My Heart

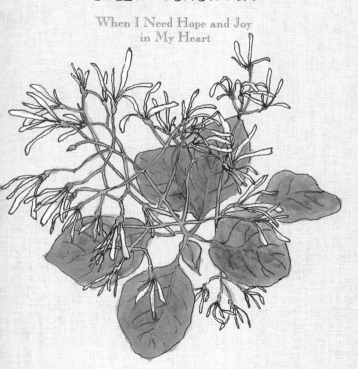

心で罪人を妬むことなどせず
日夜、主を畏れよ。
そうすれば、未来もあり
希望が絶たれることもない。

箴言 23:17-18

　主よ、自己憐憫（じこれんびん）に支配されないことを決意します。人と比べて劣等感を抱いたり、大して苦労していないように見える人を妬ましく思ったりしないよう、私を助けてください。

　主よ、私の希望はあなたにあります。その希望は絶たれることがありません。永遠に、あなたが一緒にいてくださるからです。感謝します。

4月13日

心に希望と喜びが必要なとき

これまでに書かれたことはすべて、私たちを教え導くためのものです。それで私たちは、聖書が与える忍耐と慰めによって、希望を持つことができるのです。

ローマの信徒への手紙 15:4

　主よ、御言葉（みことば）は私の慰め、私の希望です。私が望みを失っていたら、聖書に記された希望に気付かせてください。

　あなたのことをもっと知ることができますように。そうすれば、あなたにある希望がどれほど大きなものかを理解することができるでしょう。

　聖書が与える希望こそ、私の心の喜びです。

主に贖い出された者たちが帰って来る。

歓声を上げながらシオンに入る。

その頭上にとこしえの喜びを戴きつつ。

喜びと楽しみが彼らに追いつき

悲しみと呻きは逃げ去る。

イザヤ書 51:11

　神よ、感謝します。主イエスは究極の代価を支払って私を解放し、私の頭上にとこしえの喜びを戴かせてくださいました。この喜びが私の心にあるゆえに、悲しみも呻きも私から逃げ去って行きます。

　私の悩みを消し、今すぐに喜びの油を注いでください。心に重くのしかかる心配事や思い煩いを取り除き、尽きることのない喜びを与えてください。

4月15日

心に希望と喜びが必要なとき

今日こそ、主が造られた日。
これを喜び躍ろう。

詩編 118:24

　主よ、今日の日をあなたに献げます。今日起こることもすべて、あなたに委ねます。今日こそ、あなたが造られた日。これを喜び躍ります。今日の一瞬一瞬を喜び、そこに平安と意味を見いだすことができますように。

　今日のすべてに感謝します。あなたが造られたものはすべて、良いものだからです。

あなたは必ずわが助けとなってくださる。
あなたの翼の陰で、私は喜び歌います。

詩編 63:8

　主よ、必要なとき、あなたは必ず私の助けとなってください
ました。これからもそうです。このことを信じて疑わず、あなた
の御業（みわざ）を忘れることがないように、私を助けてください。

　あなたのそばに行き、翼の陰に隠れます。そこは私の逃
れ場、永遠に安全な場所。そこで私は喜び歌い、賛美と感謝
をあなたに献（ささ）げます。

心に希望と喜びが必要なとき

夜明け前に起き、助けを求めて叫び
あなたの言葉を待ち望みます。

詩編 119:147

　主よ、私は「早くに」あなたを求めることを学びました。朝早くに、そしてそれだけでなく、万事につけ早い段階でいつもあなたを求めることを。

　どんな状況でも絶望することなく、即座にあなたに希望を置くことができますように。助けを求めてあなたに叫べば、あなたは必ず答えてくださいます。私の望みは、いつもあなたにあります。

霊の結ぶ実は、愛、喜び、平和、寛容、親切、善意、誠実、柔和、節制であり、これらを否定する律法はありません。

ガラテヤの信徒への手紙 5:22-23

　主よ、私の心と人生に、あなたの霊の実が豊かに実りますように。あなたの愛と喜びと平和で私を満たしてください。

　いつも忍耐強く、親切で、善意に満ち、誠実で、柔和な、節制のできる者へと私を変えてください。私の一生を導き、私の人生を実り多きものとしてください。

4月19日

心に希望と喜びが必要なとき

望みがかなえられないと心が病み
願いがかなうと命の木を得たようだ。

箴言 13:12

　主よ、望みがかなえられず、心が病んだこともありました。けれども今は知っています。「私の望みはただあなたにある」と。

　あなたは私にふさわしいものを与え、ふさわしくないものを奪う方です。あなたの判断を信頼できるよう、私を助けてください。

　あなたに望みを置くかぎり、恵みはとこしえに絶たれることはありません。このことを忘れずにいることができますように。

私は絶えず目の前に主を置く。
主が右におられ、私は揺らぐことがない。
それゆえ、私の心は喜び
心の底から喜び躍り
この身もまた安らかに住まう。

詩編 16:8-9

　愛する主よ、あなただけを見上げます。あなたのそばから離れずにいさせてください。そうすれば、私の足は平らな所に立っていられます。

　今日何が起こっても、心の焦点をあなたに合わせます。心乱されることがあっても、揺らぐことはありません。私の人生に起こることは、すべてあなたが治めておられるからです。

　あなたが私の右におられるから、私の心は喜び、この身もまた安らかに住まいます。

4月21日

心に希望と喜びが必要なとき

主に忠実な者たちよ、主をほめ歌え
聖なる御名（みな）に感謝せよ。
主の怒りは一時（ひととき）。
しかし、生涯は御旨（みむね）の内にある。
夕べは涙のうちに過ごしても
朝には喜びの歌がある。

詩編 30:5-6

　主よ、今日も「あなたこそが私の人生の主」と賛美します。
私は知っています。夕べは涙のうちに過ごしても、喜びの歌
が再び心に湧き上がる朝が来ることを。

　今、祈ります。私の悲しみを消し去り、あなたの喜びと希
望で私を新たにしてください。

主に贖い出された者たちが帰って来る。

歓声を上げながらシオンに入る。

その頭上にとこしえの喜びを戴きつつ。

喜びと楽しみが彼らに追いつき

悲しみと呻きは逃げ去る。

イザヤ書 35:10

　主よ、あなたは私を贖い出し、永遠にあなたと過ごすことのできるようにしてくださいました。あなたを賛美すれば、私の心は喜びで満たされます。

　今日、なおいっそうの喜びを私の心に注いでください。あなたの喜びが私の心から溢れ出て、人にも注がれますように。どんなに小さな声でも、いつでもあなたをほめたたえる歌を歌わせてください。あなたにある私の希望も、私の内の喜びも、とこしえのものです。感謝します。

心に希望と喜びが必要なとき

神を愛する者たち、つまり、ご計画に従って召された者のためには、万事が共に働いて益となるということを、私たちは知っています。

ローマの信徒への手紙 8:28

　主よ、私は自分の人生で何をすべきなのか、時に分からなくなります。「あなたに召されていると思うが、私には荷が重い」と感じるのです。けれどもあなたの御言葉は約束しています。私たちは平和のうちに導かれて行き、道は開けるのだと。

　正しい方向に向かっていることが私にも分かるように、平安を与え、導いてください。あなたは私の人生でも、万事を共に働かせて益としてくださいます。感謝します。

光は正しき人に
喜びは心のまっすぐな者に蒔かれる。
正しき者よ、主によって喜べ。
主の聖なる名に感謝せよ。

詩編 97:11-12

　愛する主よ、あなたの前にいつも心のまっすぐな者でいられるように、私を助けてください。あなたの掟に従って生きたいのです。私の道に光をともし、あなたの望まれるとおりに私を導いてください。

　あなたを思うとき、いつも心に喜びを覚えます。感謝します。御名を賛美し、この世の何にも増して、あなたをほめたたえます。

あなたこそ聖なる方
イスラエルの賛美の上に座する方。

詩編 22:4

愛する主よ、あなたをほめたたえます。私の賛美の上に座してください。あなたがおられなければ、私はこの地上で本当の喜びを味わうことはありません。

もっと私の人生に介入し、あなたの望まれる道へと導いてください。あなたのそばから私を離さず、私のためのあなたの計画から外れることがないようにしてください。

あなたこそ聖なる方、あなたがおられなければ、私の一生は全きものにはなりません。

彼らはイエスを伏し拝んだ後、大喜びでエルサレムに戻り、絶えず神殿の境内にいて、神をほめたたえていた。

ルカによる福音書 24:52-53

主よ、あなたを礼拝すれば、あなたは私の霊と魂に、ご自身の全存在を注ぎ込んでくださいます。すると、あなたの完全さが私を全きものにするのを感じます。あなたの命で私の欠けが満たされ、傷が癒やされ、見えなかったものが見えるからです。

望みや喜びを失いかけたら、すぐにあなたをほめたたえます。人生に何が起ころうとも、まずあなたを拝することができますように。

4月27日

へりくだる者たちは主によって前にも増して喜び
貧しい人々は
イスラエルの聖なる方によって喜び躍る。

イザヤ書 29:19

　愛する主よ、私はへりくだり、御業（み わざ）への感謝を持って御前（み まえ）に進み出ます。あなたは、私の分を超えた良いものを私に与えてくださる方です。

　今日、私の心から悲しみや悩みを取り去り、あなたの喜びを注いでください。あなたが私のために備えてくださる全き人生へと入って行けるように、私の魂の傷を癒やし、失われた部分を修復してください。

私の魂よ
なぜ打ち沈むのか、なぜ呻（うめ）くのか。
神を待ち望め。
私はなお、神をほめたたえる
「御顔（みかお）こそ、わが救い」と。

詩編 42:6

　主よ、思い煩いも、生活の不安もすべて、あなたに委ねます。悩みを取り去り、私の日々にあなたの喜と平安をもたらしてください。

　私の希望はあなたにあります。あなたの恵みの御手（みて）を賛美します。導きを求めてあなたを見上げれば、御顔の光が、私と私の行くべき道を照らしてくださいます。あなたのほかに、私は誰のところへ行きましょう。

私は絶えず待ち望み
繰り返し、あなたを賛美します。

詩編 71:14

　主よ、祈りが聞かれないと感じるとき、望んだ方向に物事が進まないとき、私の希望が揺らぐことがないように助けてください。

　あなたはご自身の時と方法で私の祈りに応えてくださいます。あなたはこのまま私を放置することはなく、物事は必ず良いほうに変わるのです。そう信じて待つ忍耐を、私に与えてください。

希望の源である神が、信仰によって得られるあらゆ
る喜びと平和とであなたがたを満たし、聖霊の力に
よって、あなたがたを希望に満ち溢れさせてくださ
いますように。

ローマの信徒への手紙 15:13

　主よ、あなたは私の神、あなたの言葉は私の希望です。
困難があっても揺るがずにいられるように、私を助けてくだ
さい。

　周囲の人が悲観的でも、私は前向きでいられるように、
喜びと平和で私を満たしてください。聖霊の力によって、
日々、私を愛に満ち溢れさせてくださいますように。

5月1日

心に希望と喜びが必要なとき

あなたのもとに逃れるすべての者が喜び
とこしえに喜び歌いますように。
あなたは彼らを覆い
御名を愛する者があなたを喜び祝いますように。

詩編 5:12

　主よ、あなたは私の守り主、私はあなたに信頼します。あらゆる悪いことや危険から私を守ってください。私の人生を破壊しようと試みる敵の企てからも、どうぞ守ってください。

　あなたを愛し、信頼し、喜び祝います。あなたは御名を愛する者の祈りを、聞いてくださる方だからです。

約束してくださったのは真実な方なのですから、告白
した希望を揺るぎなくしっかり保ちましょう。

ヘブライ人への手紙 10:23

　　主よ、私はいつもあなたに希望を置きます。何が起ころう
ともあなたにしっかりとつかまり、揺るがずにいられますよ
うに。人生の嵐に遭おうともあなたを疑うことがないように、
どうぞ私を守ってください。
　　あなたは真実な方、御言葉（みことば）の約束を守ってくださる方
です。いつも辛抱強く、安心し、確信して、あなたの完璧な
タイミングを待つことができますように。

5月3日

心に希望と喜びが必要なとき

あなたは私の魂を陰府(よみ)に捨て置かず
あなたに忠実な者に滅びの穴を見せず
命の道を私に示されます。
御前(みまえ)には満ち溢(あふ)れる喜びが
右の手には麗しさが永遠にありますように。

詩編 16:10-11

　主よ、あなたと過ごす時間は私の喜びです。今すぐに、聖霊で私を新しく満たしてください。

　喜びは、状況によって左右されるものではありません。どれほど私が聖霊に心を開き、私の一生を支配していただくことを妨げずにいられるかに懸かっているのです。

　主よ、今日、あなたに私の一生を明け渡します。満ち溢れる喜びでいっぱいの者へと、私を造り変えてください。

愛する人たち、私たちは今すでに神の子どもですが、私たちがどのようになるかは、まだ現されていません。しかし、そのことが現されるとき、私たちが神に似たものとなることは知っています。神をありのままに見るからです。神にこの望みを抱く人は皆、御子が清いように自分を清くするのです。

ヨハネの手紙一 3:2-3

主よ、私はあなたの子ども、私の望みはあなたにあります。日々私の心を清め、あなたに造られた本来の私へと回復してください。

あなたは私の必要に応えてくださる方、私はあなたを見上げます。あなたは私の想像をはるかに超えて、平安と満ち足りた心を与えてくださる方です。私の一生は、あなたによって全きものとされるのです。

5月5日

心に希望と喜びが必要なとき

勇ましくあれ、心を強くせよ
主を待ち望む人は皆。

詩編 31:25

　主よ、あなたを受け入れる者には平安と愛と喜びが与え
られると、聖書は語っています。この言葉を信じます。

　自分の感情ではなく、あなたの言葉に従って物事を判断
します。敵が吹き込む誤った考え方から私を解放してくだ
さい。あなたが私のために備えてくださる希望と喜びを、
今、受け取ります。

9
罪の意識と責めから解放されたいとき
5月6日から5月17日の祈り

When I Need to Be Free of
Guilt and Condemnation

願うものは何でも、神からいただくことができます。私たちが神の戒めを守り、御心（みこころ）に適（かな）うことを行っているからです。

ヨハネの手紙一 3:22

　主よ、いつもあなたの戒めを守り、御心に適うことを行わせてください。道を誤ったら教えてください。罪を犯す誘惑に抗（あらが）い、正しいことができるように助けてください。罪の重さに耐えながら生きることはできません。あなたの前に、いつも清い心でいることができますように。

　あなたの道に従わせてください。そうすれば、私は祈りに答えるあなたの声を遮ることも、私に良いものを与えてくださるあなたを妨げることもないでしょう。

5月7日

罪の意識と責めから解放されたいとき

自分の罪が拭い去られるように、悔い改めて立ち帰りなさい。こうして、主のもとから慰めの時が訪れ、主はあなたがたのために定めておられた、メシアであるイエスを遣わしてくださるのです。

使徒言行録 3:19-20

　主よ、あなたは私が罪悪感や責めを負って生きることを望んではおられません。罪の重荷は私の人生を築き上げる助けにはならず、むしろ破壊するものです。この重荷はあなたと私を隔て、あなたが与えてくださる完全な癒やしと全き人生に生きることを阻むものなのです。

　どうぞ私の中にある罪を示してください。悔い改めて立ち帰り、あなたのもとから訪れる慰めの時を受け取ります。

主よ、私は両手を洗って無実を示し
あなたの祭壇を回ります
感謝の声を響かせ
あなたの奇しき業<small>(わざ)</small>のすべてを語り伝えるために。

詩編 26:6-7

　主よ、私の思いや言動の中にある罪を告白します。あなたが喜ばれないこと、聖霊を悲しませることを私がしたなら、今すぐに気付かせてください。そうすれば私は悔い改め、罪から自由になります。

　罪の意識や責めがあると、あなたを心から礼拝することができません。また、あなたの光を輝かせる者となることもできません。御言葉<small>(みことば)</small>のとおりに、両手を洗って無実を示し、賛美と感謝をもって御座<small>(みざ)</small>の前に進み行かせてください。

罪の意識と責めから解放されたいとき

愛する人たち、心に責められることがなければ、私たちは神の前で確信を持つことができます。

ヨハネの手紙一 3:21

　主よ、私のために清い心を造り、あらゆる罪の意識と責めから私を解放してください。告白すべき罪をどうぞ示してください。あなたに対して、いつも清い心でいたいのです。

　すでに悔い改めたにもかかわらず、まだ責めを感じるなら、その思いは敵から来ているのだと分かります。敵の望みは、私に重荷を負わせることだからです。

　私が胸を張って生きられるようにと、その重荷から私を解放してくださるあなたに、感謝を献げます。

あなたは自分の持っている信仰を、神の前で持ち続けなさい。自ら良いと認めたことについて、自分を責めない人は幸いです。

ローマの信徒への手紙 14:22

　　主よ、過去にしたこと、またしなかったことについて、後悔し、自分を責めていることがあります。

　　この自責の念をあなたの御手に委ねます。どうぞ私の重荷を取り去ってください。責めから完全に解放された人生を、私は生きたいのです。

5月11日

罪の意識と責めから解放されたいとき

神が御子を世に遣わされたのは、世を裁くためでは
なく、御子によって世が救われるためである。

ヨハネによる福音書 3:17

　神よ、あなたは私を裁くためではなく、御子によって救うた
めに、主イエスを遣わしてくださいました。敵は私の罪や失
敗を責め、罪悪感で私を打ちのめそうとします。けれども主
イエスはすでに代価を支払い、罪や失敗から私を自由にし
てくださったのです。

　敵の術中にはまることなく、あなたの内にある自由に目を
注ぐことができますように。私を救い、解放し、私の命を完全
なものへと回復してくださったあなたに、感謝を献げます。

災いは悪しき者を死に陥れる。
正しき者を憎む者たちは罪に定められる。

詩編 34:22

　主よ、あなたは私の贖い主、私の魂を死の淵から贖い出してくださった方。あなたを信じる私は、今や罪に定められることはありません。もう二度と、罪の重荷を負って生きる必要はないのです。

　今日、すべての解放者であるあなたに祈ります。過去の自分の失敗を許すことができるよう、私を助けてください。罪の意識という重荷を負い続けることは、もうできません。どうぞ私を自由にしてください。

5月13日

罪の意識と責めから解放されたいとき

憐（あわ）れみをかけない者には、憐れみのない裁きが下
されるからです。憐れみは裁きに打ち勝つのです。

ヤコブの手紙 2:13

愛する主よ、あなたは憐れみの神、あなたは私を憐れん
でくださいます。あなたのように人を憐れみ、赦したいと望ん
でいても、そうしなかったことが私にはあります。この失敗を
罪として告白します。

憐れみのない私を赦してください。そして、失敗から来る
自責の念と罪悪感から、私を自由にしてください。

こういうわけで私は、神に対しても人に対しても、責められることのない良心を保つように、常に努めています。

使徒言行録 24:16

　主よ、正しく生きようとしても、私はよく失敗します。私の罪の性質を克服することができるよう、聖霊の力と御言葉の真実をもって私を助けてください。

　自分の失敗やできないことを嘆き悲しむこと、自己憐憫に溺れること、自分の欲求を満たすために利己的な言動をすること、これらはみな罪です。

　あなたに対しても人に対しても、常に責められることのない良心を保つことができるよう、私を導いてください。

5月15日

罪の意識と責めから解放されたいとき

今や、キリスト・イエスにある者は罪に定められることはありません。…神は御子を、罪のために、罪深い肉と同じ姿で世に遣わし、肉において罪を処罰されたのです。それは、肉ではなく霊に従って歩む私たちの内に、律法の要求が満たされるためです。

ローマの信徒への手紙 8:1,3-4

　愛する主よ、キリストを受け入れ、あなたによる罪の赦しを受け取った私は、今や罪に定められることはありません。それでも残っている罪悪感や自責の念は、私の魂に追い迫る敵から来るものです。

　日々、肉ではなく霊に従って歩む者へと私を変えてください。敵が私の命を地に踏みにじり、私を暗闇に住まわせることを、どうぞ許さないでください。

すべて人を裁く者よ、弁解の余地はありません。あなたは他人を裁くことによって、自分自身を罪に定めています。裁くあなたも同じことをしているからです。

ローマの信徒への手紙 2:1

愛する主よ、私のすること、考えること、言うことは、すべて私の責任です。けれども私の言動や考え方が人の祝福となり、あなたに栄光をもたらすものとなるためには、あなたの助けが必要です。あなたなしでは、罪の罠（わな）から逃れることはできないからです。

私が他人を裁くなら、私自身を罪に定めることになります。あなたの力で私を変え、人を裁くのではなく励ます者、私を傷つける人のために祈る者としてください。

5月17日

罪の意識と責めから解放されたいとき

キリスト・イエスにある命の霊の法則が、罪と死との法則からあなたを解放したからです。

ローマの信徒への手紙 8:2

　神よ、私の命がキリストにあることを、心から感謝します。キリストにある命の霊の法則が、罪と死との法則から私を解放しました。

　私はもう、罪のもたらす結果に苦しむことはありません。今や私は、肉にある消えゆく命を生きるのではなく、霊にある完全な命を謳歌することができます。

　罪の意識から自由になり、ますますあなたの命に生かされるために、日々、正しい選択をすることができるよう私を助けてください。

10
解放され、回復される必要があるとき
5月18日から6月4日の祈り

When I Need Deliverance
and Restoration

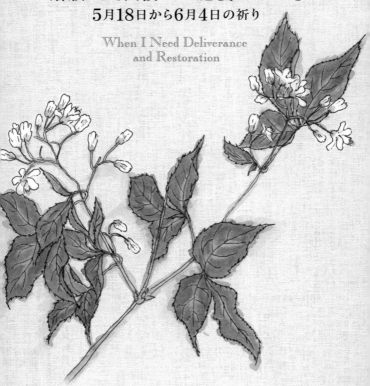

神よ、あなたは私たちを試み
火で銀を練るように私たちを練った。
あなたは私たちを網に追い込み
腰に重荷を付け
人が私たちの頭の上を乗り越えることを
お許しになった。
私たちは火の中、水の中を通ったが
あなたは私たちを広々とした地に導き出された。

詩編 66:10-12

　主よ、あなたの計画は、私の一生を完全に満たすことです。私が生きる目的も、あなたは決めておられます。

　悪い習慣やつきあいから私を解放し、あなたが私のために備えてくださる広々とした地に導き出してください。失ったものも回復してください。火の中を通るときには聖霊で私を満たし、水の中で溺れかけても私を救い上げて、安全な向こう岸へと運んでください。

5月19日

解放され、回復される必要があるとき

神を畏れる人はすべてここに来て、聞け。
神が私に成し遂げてくださったことを語ろう。

詩編 66:16

　　主よ、私の命を回復し、魂を自由にするために、あなたが
成し遂げてくださったことを人に語ります。
　　私の壊れた所を修復し、失われたものを回復して、すり
減った所や弱った所を新しくしてください。
　　私の生涯が、あなたを信じる者に与えられる全き人生の
証しとなりますように。これからも、私の内に偉大な業をなし
てください。

幸いな者、ヤコブの神を助けとし
望みをその神、主に置く人。…
虐げられている人のために裁きを行い
飢えた人にパンを与える方。
主は捕らわれ人を解き放ち…
悪しき者の道は滅びに至らせる。

詩編 146:5,7,9

　主よ、私が人生に行き詰まったら、あなたは私を解き放ってくださいます。私が虐げられていれば相手を裁き、必要があれば満たしてくださいます。あなたなしでは、私は自らの欲とその結果である罪に縛られた、捕らわれ人なのです。

　あなたに造られたままの本来の姿へと、あなたの力で私を変えてください。そのための妨げとなることから、完全に私を解放してください。

5月21日

あなたは私の命を死から
目を涙から
足をつまずきから助け出してくださった。

詩編 116:8

　主よ、あなたは私の命を死から、目を涙から、足をつまずきから助け出してくださった方です。

　これからも、過ちや破滅から私を解放してください。私の心を悲しませ、私の命をすり減らすものから救い出してください。それらは、私の人生のためにあなたが備えておられる計画から私を引き離すものだからです。

　御旨の中心の平らな所に、私の足を立たせてください。

主は私の魂を生き返らせ
御名（みな）にふさわしく、正しい道へと導かれる。

詩編 23:3

　主よ、あなたは贖（あがな）いと回復の神、私の魂を生き返らせてくださる方。あなたが私の人生に働いて私を回復し、解放してくださらなかったなら、今日私はどこにいるでしょう。

　あなたの栄光のために、これからも正しい道へと私を導き、もっとあなたに似たものとしてください。引き続き私を解放し、完全な姿へと回復してください。あなたに造られたままの私は、全き存在なのです。

5月23日

解放され、回復される必要があるとき

怒りが溢れ

僅かな間、私は顔をあなたから隠したが

とこしえの慈しみをもってあなたを憐れむ

——あなたの贖い主、主は言われる。

イザヤ書 54:8

　愛する主よ、あなたに救われた私は、独りで生きる必要は
ありません。あなたは過去から私を救い出し、未来永劫にあ
なたと共に生きることができるようにしてくださいました。

　御旨に背いたり、あなたの指し示す方向に行かなかった
りしたことを、どうぞ赦してください。私を回復し、全き者へと
造り直してください。

　あなたのとこしえの慈しみと憐れみに、感謝を献げます。

彼は私を慕う。
私は彼を助け出そう。
彼は私の名を知っている。
私は彼を守ろう。

詩編 91:14

　主よ、あなたを慕います。あなたは私の天の父、私を愛し、解放してくださる方。あなたの愛こそ私の人生の礎、私は固い岩場に立っています。

　今日、私がつかんで離さずにいるものから、完全に私を解放してください。自分が何かに捕らわれていることにさえ気付いていないなら、そのことを教えてください。

　私の生活にあなたから来ないものがあるなら、私の目を開いてください。それを捨て、自由になります。

5月25日

解放され、回復される必要があるとき

人は戦いの日のために馬を備える。
しかし勝利は主による。

箴言 21:31

　主よ、私を縛るものと戦うためにあらゆることをしても、
あなたの力がなければ、本当の意味で解放され、自由になる
ことはできません。

　ですから今日、あなたに立ち帰ります。あなたに造られた
本来の私になることを妨げるものから、私を解放してください。
自分の力だけで生きていた日々に失ったものを回復し、
敵が奪ったものを私の手に返してください。

この民は略奪され、奪い取られ
皆罠（わな）の穴に落ち、獄屋に閉じ込められた。
彼らは餌食となったが、助け出す者はなく
奪い取られたが、「返してやれ」と言う者もない。

イザヤ書 42:22

　主よ、私の中にあなたが働き、私を全き状態へと回復すること、それはあなたにしかできない御業（みわざ）です。けれども、私自身も変わろうとしなければなりません。

　私が身動きが取れなくなったり、自分自身の魂のとりこになったりしているならば、どうぞ今日、解放してください。

　あなたからの賜物（たまもの）を敵に奪い取られるわけにはいきません。私を自由にして、あなたが造られた全き者へと回復してください。

5月27日

解放され、回復される必要があるとき

あなたの贖い主
あなたを母の胎にいる時から形づくられた方
主はこう言われる。
私は主、万物を造った者。…
エルサレムについては、「人が住むようになる」と
ユダのそれぞれの町については、「再建され
その廃墟を私は復興させる」と私は言う。

イザヤ書 44:24,26

　主よ、あなたは私の贖い主、造り主、万物を造った方。私の人生を再建し、その廃墟を完全に復興させることのできる方です。あなたの愛は私を癒やし、溢れるほどに私を満たします。

　主よ、私の人生の壊れたかけらをつなぎ合わせて、美しいものを造り出してください。私の中の廃墟を、価値あるものへと変えてください。

その頃、洗礼者ヨハネが現れて、ユダヤの荒れ野で宣べ伝えて、言った。「悔い改めよ。天の国は近づいた。」

マタイによる福音書 3:1-2

　主よ、あなたに対する自己中心的な態度、恐れ、疑い、怒りといった罪から、私を救い出してください。私が罪から離れようとしなかったときのことを思い出させてください。告白し、悔い改め、あなたの方へと向きを変えます。

　あなたの望まれる生き方をしないなら、私の心に天の国の入る場所はできません。あなたが私のために備えてくださるものをすべて受け取るため、その妨げとなる罪から私を救い出してください。

5月29日

解放され、回復される必要があるとき

主は彼らを助け、救い出してくださる。
主は悪しき者から助け出し、救ってくださる。
彼らが主に逃れたから。

詩編 37:40

　主よ、敵の手から私を救い出してください。私の人生を
破壊しようとする悪しき者の謀（はかりごと）から助け出してください。
あなたに信頼し、祈ります。私を傷つける者から救ってくだ
さい。

　あなたは私の守り主、魂の解放者。あなたは私の隠れ場
です。私が誘惑に負け、あなたの守りの翼の陰から出ようと
していたら、誘惑からも私を助け出し、全き者へと完全に私
を回復してください。

主よ、お願いです、私を救い出してください。
主よ、急いで助けてください。

詩編 40:14

　主よ、あなたは私の救い主、解放者。急いで助けてください。恐れから解放し、新しい信仰を与え、私の古い考え方をあなたの思いに置き換えてください。悪い記憶から私を自由にして、あなたが良くしてくださったことを思い出させてください。

　あなたを賛美し礼拝することを学び、私のためのあなたの御業に、日々、繰り返し感謝することができますように。

5月31日

解放され、回復される必要があるとき

あなたを尋ね求める人すべてが
あなたによって喜び楽しみ
あなたの救いを愛する人が
「主は大いなるかな」と
絶えることなく言いますように。

詩編 40:17

　主よ、あなたなしでは、私は霊的に貧しいものです。けれどもあなたと一緒なら、私は富んでおり、豊かです。あなたを尋ね求める私の心に聖霊を新しく注ぎ、完全な解放と回復をもたらしてください。

　私は辛抱強く待つことのできない者です。今すぐに完全に自由にされること、全き者とされることを、つい求めてしまいます。あなたの時を待つことができるよう、忍耐する力を与えてください。

解放され、回復される必要があるとき

> 私の言葉にとどまるならば、あなたがたは本当に私
> の弟子である。あなたがたは真理を知り、真理はあ
> なたがたを自由にする。

ヨハネによる福音書 8:31-32

　主よ、御言葉は真理です。敵は嘘を吹き込み、私を自由に
動けなくしようと試みます。けれども真理を知るならば、敵の
偽りにだまされることはありません。

　いつも悪魔の嘘を暴くことができるように、御言葉の知識
を授けてください。聖書を読む度に内容がよく理解できる
ように、私を助けてください。そうすれば私は真理を知り、
真理は私を自由にするでしょう。

解放され、回復される必要があるとき

もし子があなたがたを自由にすれば、あなたがたは
本当に自由になる。

ヨハネによる福音書 8:36

　主よ、御子（みこ）は私を自由にするために十字架につけられま
した。この御業（みわざ）は、私を死から解放しただけではありません。
今もなお、あらゆるものから私を解放し続けています。この
解放の御業は完成された御業です。もう私は、私を縛りつけ
ていたものに再び縛られることはないのです。

　自由で、解放され、回復された人生を、あなたは私のため
に備えておられます。本当に自由な人生を生きることができ
るよう、私を助けてください。

この自由を得させるために、キリストは私たちを解放してくださいました。ですから、しっかりと立って、二度と奴隷の軛（くびき）につながれてはなりません。

ガラテヤの信徒への手紙 5:1

　主よ、あなたに与えられた自由に感謝します。あなたはすでに、多くのものから私を解放してくださいました。

　今日も、あらゆる隷属から私を救い出してください。私を陥れようとする敵の前でも、しっかりと立たせてください。二度と奴隷の軛につながれることがないように、私を守ってください。

6月4日

解放され、回復される必要があるとき

あなたこそ私の隠れ場。
苦しみから私を守り
救いの盾で囲んでくださいます。

詩編 32:7

　主よ、あなたこそ私の隠れ場、苦しみから私を守ってくだ
さい。救いの盾で私を囲み、私を陥れる敵の企てから救い
出してください。
　敵の攻撃に鬨（とき）の声を上げるように、あなたへの賛美の歌
を献（ささ）げます。賛美は解放の歌です。あなたは私の造り主（ぬし）、
救い主、守り主、与え主、私を自由にされる方。あなたを拝し、
賛美します。

11

思いを新たにする必要があるとき
6月5日から6月18日の祈り

When I Need to
Renew My Mind

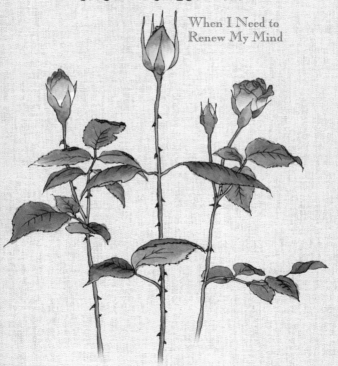

あなたがたはこの世に倣ってはなりません。むしろ、心を新たにして自分を造り変えていただき、何が神の御心であるのか、何が善いことで、神に喜ばれ、また完全なことであるのかをわきまえるようになりなさい。

ローマの信徒への手紙 12:2

　主よ、聖霊の力で私を造り変えてください。私の心を新たにして、真実とあなたに喜ばれる思いだけでいっぱいにしてください。私の行いと思いのすべてが、御心に沿うものとなりますように。

　あなたに従うのではなくこの世に倣うならば、私のために備えてくださった一生は私のものにはなりません。あなたが敷いてくださる人生の道から外れないように、私の思いを治めてください。

6月6日

思いを新たにする必要があるとき

穏やかな心は肉体を生かす。
妬みは骨を腐らせる。

箴言 14:30

　主よ、穏やかな心を与えてください。自分の思いに捕らわれて、落ち込んだり、気弱になったり、恐れたりしないように私を助けてください。悪しき思いやあなたに栄光をもたらさない思いを、いつも拒むことができますように。

　今日、私の心を新しくして、穏やかで、健全な、揺るがないものにしてください。自分ではなくまず人を思う心、あなたの愛と思いやりに満ちた心を、私に与えてください。

彼らは神を知りながら、神として崇（あが）めることも感謝することもせず、かえって、空（むな）しい思いにふけり、心が鈍く暗くなったからです。

ローマの信徒への手紙 1:21

　　主よ、あなたは私の人生の主、私の思いを治めてください。罪も、愚かな考えも、空しい思いも私の心から捨て去ります。

　　あなたの思いと御言葉（みことば）が私自身の思いと言葉となり、私の生涯があなたへの賛美と礼拝となりますように。私の心を見張って、誤った思いが私の心に巣食うことがないようにしてください。

6月8日

思いを新たにする必要があるとき

きょうだいたち、すべて真実なこと、すべて尊いこと、すべて正しいこと、すべて清いこと、すべて愛すべきこと、すべて評判のよいことを、また、徳や称賛に値することがあれば、それを心に留めなさい。

フィリピの信徒への手紙 4:8

　主よ、嘘や悪いニュース、不正や汚れたことではなく、真実なこと、尊いこと、正しいこと、清いことを心に留めることができますように。人を妬み、憎むのではなく、人を愛する思いを持つことができますように。

　後ろ向きな思いではなく、徳や称賛に値すること、前向きなことを考えることができますように。いつも心の安定を保つことができるように、私を助けてください。

きょうだいたち、私たちの主イエス・キリストの名に
よってあなたがたにお願いします。どうか、皆、勝手
なことを言わず、仲たがいせず、心を一つにし思いを
一つにして、固く結び合いなさい。

コリントの信徒への手紙一 1:10

　主よ、あなたを信じる人たちと、固く結び合うことができ
ますように。私たちの思いがあなたの思いと異なるならば、
私たちの心を変えてください。
　あなたに召された私たちが、心を一つにし思いを一つに
して歩むことができるよう、どうぞ助けてください。

思いを新たにする必要があるとき

以前のような生き方をしていた古い人…を脱ぎ捨て、心の霊において新たにされ、真理に基づく義と清さの内に、神にかたどって造られた新しい人を着なさい。

エフェソの信徒への手紙 4:22-24

　主よ、私をキリストにある新しい者へと造り変えてください。それは、あなたでなければできない御業です。聖霊と御言葉の力によって、私は非生産的で実りの少ない、古い考え方を捨てます。

　清い思い、優れた記憶力、物事を考え抜く能力、知性と知力を私に与えてください。あなたの召しに応えることができるように、私の考え方を新しくして、あるべき姿へと変えてください。

あなたがたはもはや、異邦人が空しい考えで歩んでいるように歩んではなりません。彼らの知性は闇に閉ざされ、内なる無知とかたくなな心のために、神の命とは無縁なものとなっているのです。

エフェソの信徒への手紙 4:17-18

　主よ、非生産的なことに時間を浪費することなく、創造的に物事を考えることができますように。私の思いをあなたに委ねます。私の心を治め、聖霊に導かれた考えで満たしてください。

　私の心が無知でかたくななために、あなたが私のために備えてくださる道から迷い出たり、遠ざかったりすることを許さないでください。私の心をキリストの心に変え、物事をはっきりと理解する知性を与えてください。

6月12日

思いを新たにする必要があるとき

幾らかでも、キリストによる励まし、愛の慰め、霊の
交わり、憐れみや慈しみの心があるなら、同じ思い
となり、同じ愛を抱き、心を合わせ、思いを一つにして、
私の喜びを満たしてください。

フィリピの信徒への手紙 2:1-2

　主よ、明確で、穏やかで、義に満ちた主イエスの思いを私に
も与え、知力と知恵、愛と平和で私の心を満たしてください。
　不安や恐れも、悪しき思いや罪も、復讐心も、利己心も、
非難がましい思いも、嘘も、みな取り去ってください。こうし
た思いはどれも意味がなく、私の人生を築き上げるものでは
ありません。
　私の心を全きものにし、キリストと同じ思いと愛を抱かせ
てください。

あなたがたが何か別の考え方をしているなら、神はそのことも明らかにしてくださいます。

フィリピの信徒への手紙 3:15

　主よ、私を成長させ、あなたの心と視点を持たせてください。私に間違った考え方や誤った思考の癖があるなら、教えてください。物事をあなたと同じように考えることができるよう、自分の考え方を変えたいのです。

　賢明で、成熟した、創造的な考え方を身に着け、実りの多い、全き人生を送ることができますように。

6月14日

思いを新たにする必要があるとき

上にあるものを思いなさい。地上のものに思いを寄せてはなりません。

コロサイの信徒への手紙 3:2

　主よ、私の思いをあなたに委ねます。限りある地上のものに思いを寄せるのではなく、上にあるものを思うことができますように。

　私の人生にあなたがお持ちの計画を思います。私が御心を行い、人のために働くことを、あなたは願っておられます。

　私の心を乱すものを取り去り、明晰な考えと平安で知恵のある心を与えてください。そして、御国のために大きな働きをなさせてください。

思いを新たにする必要があるとき

あなたがたは心を引き締め、身を慎み、イエス・キリストが現れるときに与えられる恵みを、ひたすら待ち望みなさい。

ペトロの手紙一 1:13

　主よ、心を引き締め、身を慎み、あなたと歩むことができますように。思いが千々に乱れることがないように、私を守ってください。

　私を通して御旨（み むね）がなされるように、私の思いとあなたの思いを一つにしてください。あなたが私を変え、あなたに喜ばれる者としてくださることを信じ、感謝します。

6月16日

思いを新たにする必要があるとき

私たちの主イエス・キリストを通して神に感謝します。このように、私自身は、心では神の律法に仕えていますが、肉では罪の法則に仕えているのです。

ローマの信徒への手紙 7:25

　愛する主よ、聖霊の力によって、私は自分の罪の性質に打ち勝つことができます。霊の内に人生を歩むか、肉の内に生きるか、選ぶのは私自身の心です。あなたが私のために備えておられる人生から離れないように、私の心を強め、肉にある自分を制することができますように。

　今日、私の思いを新しくして、持つべきでない考えを流し去ってください。あなたの言葉の真実で、私の心を満たしてください。

「それらの日々の後(のち)
私がイスラエルの家と結ぶ契約はこれである」と
主は言われる。
「私は、私の律法を彼らの思いに授け
彼らの心に書き記す。
私は彼らの神となり
彼らは私の民となる。」

ヘブライ人への手紙 8:10

　主よ、あなたの律法を私の思いに授け、私の心に書き記してください。肉の思いに従うのではなく、あなたの霊に導かれ、私の思いに授けられた律法を人生に生かしたいのです。
　御言葉(みことば)を私の心に刻みつけてください。どうぞ私を、あなたの言葉を聞くだけでなく実行する者としてくださいますように。

6月18日

思いを新たにする必要があるとき

「誰が主の思いを知り
主に助言するというのか。」
しかし、私たちは、キリストの思いを抱いています。

コリントの信徒への手紙一 2:16

　　愛する主よ、私にキリストの思いを抱かせてくださり、ありがとうございます。キリストの思いがなければ、私には御言葉が分からず、それを通してあなたが示しておられることを理解することもできません。

　　聖霊の力で私を導き、教えてください。そして、御国にふさわしい者へと私を成長させてください。何をするにも、決めるにも、キリストと同じ思いを抱いて行うことができますように。

12

敵に打ち勝ちたいとき
6月19日から7月4日の祈り

When I Need Victory
over My Enemy

蛇やさそりを踏みつけ、敵のあらゆる力に打ち勝つ権威を、私はあなたがたに授けた。だから、あなたがたに害を加えるものは何一つない。

ルカによる福音書 10:19

　主よ、あなたは、敵のあらゆる力に打ち勝つ権威を授けてくださいました。このことを忘れず、敵が私の人生に忍び寄る度に打ち負かすことができますように。

　私を妨害し脅かす蛇やさそりを踏みつける力を与えてください。私の中のあなたの力は、敵の力よりはるかに大きなものです。

　あなたが守ってくださるのです。私は決して、敵に打ち負かされることはありません。

6月20日

敵に打ち勝ちたいとき

神に従い、悪魔に立ち向かいなさい。そうすれば、悪魔はあなたがたから逃げ去ります。

ヤコブの手紙 4:7

　　主よ、悪魔に立ち向かう方法を教えてください。敵が吹き込む嘘や誘惑に抗い、敵の罠を避けることができるように、知識と知恵を与えてください。

　　主イエスが十字架につけられたとき、敵は打ち負かされました。ゆえに私には悪魔に立ち向かう力があり、悪魔は私から逃げ去るのです。

つむじ風が通り過ぎると、悪しき者はいなくなり
正しき者はとこしえの礎となる。

箴言 10:25

　主よ、あなたは私のとこしえの礎、あなたの上にしっかりと私を立たせてください。そうすれば、悪しき者が攻撃のつむじ風を送ってきても、やり過ごすことができるでしょう。

　あなたを知らない者なら流されてしまうような嵐にも、揺るがされることはありません。私は敵の支配の及ばない、御旨の中心に置かれているからです。

　何が起ころうとも、私の礎は永遠にあなたにあり、私は倒れることはありません。

敵に打ち勝ちたいとき

ほむべき方、主に呼びかけると
私は敵から救われる。

詩編 18:4

　主よ、あなたはどんな敵よりも力ある方です。今日、あなたに呼びかけます。私を敵の手から救ってください。

　敵が向かい来るとき、私はあなたに向かって賛美の声を上げます。賛美は敵を妨げます。あなたは敵よりもはるかに大きな方だからです。

　あなたに呼びかければ、あなたはいつでもご自身の力を見せてくださいます。今日、何に直面していても、あなたをほめたたえます。

あなたに対して造られる武器は
どのようなものであれ役に立つことはない。
裁きの時
あなたと対立する舌がどのようなものであれ
あなたはこれを罪に定めることができる。
これが主の僕たちの受け継ぐもの
私から受ける彼らの正義である──主の仰せ。

イザヤ書 54:17

　神よ、私はあなたの僕です。敵が私に対して使おうとする武器は、どのようなものであれ役に立つことはありません。私と対立する敵が、私を裁こうと何を言っても、あなたは敵を罪に定めることができるのです。

　主イエスは私のために死なれ、その義をもって私を覆われました。私の受けたこの正義のゆえに、私は敵の手から守られています。

6月24日

敵に打ち勝ちたいとき

身を慎み、目を覚ましていなさい。あなたがたの敵
である悪魔が、ほえたける獅子のように、誰かを食
い尽くそうと歩き回っています。信仰をしっかりと保ち、
悪魔に立ち向かいなさい。あなたがたのきょうだいた
ちも、この世で同じ苦しみに遭っているのは、あなた
がたも知っているとおりです。

ペトロの手紙一 5:8-9

　主よ、敵の術中にはまることなく、悪魔に立ち向かうことが
できますように。まんまと敵に目的を遂げさせることがないよ
うに、私を助けてください。敵が私の命を食い尽くす機会を
与えないように、油断せずに祈ることができますように。

　同じように敵に攻撃されているきょうだいたちのためにも
祈ります。私たちには共通の敵だけでなく、あなたという共
通の父がおられます。感謝します。

聞け、イスラエルよ。あなたがたは今日、敵と戦おう
としている。気弱になるな。恐れるな。うろたえるな。
敵の前でおののくな。

申命記 20:3

　　主よ、魂に追い迫る敵と戦うときはいつでも、私のそばに
いてください。あなたが共にいるなら、私はいつでも敵に勝
つことができます。攻撃されても、あなたがいれば、気弱に
なったり、恐れたりする必要はありません。あなたは私に立
ち上がる力を与え、ご自身が敵よりもずっと強い方であるこ
とを見せてくださいます。

　　私は今、戦いを前にしています。どうぞ私を助け、私のた
めに敵と戦い、私を救ってください。

6月26日

敵に打ち勝ちたいとき

主の僕（しもべ）たる者は争わず、すべての人に優しくし、教えることができ、よく忍び、反対する者を柔和な心で教え導かねばなりません。もしかすると、神は彼らを悔い改めさせ、真理を認識させてくださるかもしれません。こうして彼らは、悪魔に捕らえられて意のままにされていても、目覚めてその罠（わな）から逃れることもあるでしょう。

テモテへの手紙二 2:24-26

　愛する主よ、悪魔の落とし穴からいつも私を守り、悪魔に捕らえられて意のままにされることがないようにしてください。

　私はあなたの子、あなたは私を愛してくださいます。あなたを信じる者を、あなたは必ず守ってくださいます。私の不注意や愚かさのためにあなたの守りから迷い出ることがないように、どうぞ助けてください。

わが神よ、私はあなたに信頼する。
私が恥を受けることがないように。
敵が勝ち誇ることがないように。

詩編 25:2

　　主よ、あなたは今も将来も、敵の攻撃からも罠(わな)からも私を守ってくださる方です。あなたの御手(みて)に私の一生を委ねます。そして、あなたがあらゆる妨げや危険から私を守ってくださることを信じます。

　　あなたは私の救い主(ぬし)、解放者、守り主、与え主、私の必要を満たしてくださる方。敵が忍び寄るのを感じたら、あなたに信頼し、祈ります。勇気を挫こうとする敵に立ち向かう私を、どうぞ助けてください。

6月28日

敵に打ち勝ちたいとき

この神は…
敵から私を救い出す方。
まことに、あなたは立ち向かう者から私を引き上げ
暴虐の者から助け出す。

詩編 18:48-49

　　主よ、あなたの御手（みて）で暴力や犯罪から私を守ってください。私の大切な人たちも危険から守り、敵から救い出してください。

　　主よ、感謝します。あなたは全能の神、あなたに不可能はありません。

敵に打ち勝ちたいとき

今や、私の頭(こうべ)は群がる敵の上に高く上げられる。
主の幕屋で歓声をいけにえとして献(ささ)げ
主に向かって歌い、ほめ歌を歌おう。

詩編 27:6

　主よ、あなたを賛美し、礼拝します。あなたは全能の神、すべての造り主、偉大な天の父。あなたは私の救い主、守り主。私の頭を群がる敵の上に高く上げてくださる方です。

　敵の攻撃に遭うときも、心に恐れや疑いの入り込む隙がないように、すぐにあなたを賛美することを思い出させてください。敵は私に余計なことを気にかけさせようとしますが、あなたに仕えることだけを大切にできるように、私の信仰を強めてください。

6月30日

敵に打ち勝ちたいとき

私の時は御手にあります。
敵の手から、迫り来る者から
私を助け出してください。

詩編 31:16

　主よ、あなたは私の救い主、私の時は御手にあります。あなたはあなたのタイミングで、私を敵の手から助け出してくださいます。迫害や悪しき働きから私を救い出し、あなたに召された仕事ができるよう守ってください。

　私が世に倣ったり、あなたの道に逆らったりして、自ら敵を招いている領域があるならば、教えてください。過ちから立ち帰ります。敵は自分の意志を遂げようとします。その手に私を決して渡さないでください。

主はすべての苦難から私を助け出された。
私の目は敵を見据えます。

詩編 54:9

　主よ、あなたはすべての苦難から私を助け出される方、
敵の手からも私を助け出してくださいます。

　あなたは手を開き、あなたを見上げる私たちの心の望み
を満ち足らせてくださる方です。「敵に完全に打ち勝つ」とい
う私の望みも、どうぞ満たしてください。

　敵が私に一切の力を及ぼすことのできないように、力強く
敵に立ち向かうことができるよう、私を助けてください。

7月2日

敵に打ち勝ちたいとき

主に贖(あがな)われた人々はそのように唱えよ。
主は、彼らを苦しめる者の手から贖い
国々の中から集めてくださった
東から西から、北から南から。

詩編 107:2-3

　主よ、あなたなしでは、私は今日生きてはいないでしょう。あなたがこれまでに何度も敵を打ち負かしてくださらなかったら、敵はすでに私を滅ぼしていたはずです。あなたは、私を敵の手から永遠に贖ってくださったのです。

　敵を恐れて身を隠している人たちに、あなたの解放と贖いについて語り、「同じことはあなたにも起こる」と告げることができるように、どうぞ私を助けてください。

あなたは私の逃れ場
敵の前の堅固なやぐらとなってくださいます。

詩編 61:4

　主よ、あなたはいつも私を敵からかくまってくださいます。あなたは堅固なやぐら、敵が忍び寄るときには、いつでもあなたのところに逃げ込みます。あなたは私の逃れ場、敵の攻撃から守ってくださる方。私は恐れの内に生きる必要はありません。

　今日、祈ります。すべての悪しき者から私を守り、伸び伸びと成長させてください。そして、あなたに造られたままの存在へと、私を回復してください。

7月4日

敵に打ち勝ちたいとき

私があなたを呼び求める日
その時、敵は退きます。
私は、神がそばにおられることを知っています。

詩編 56:10

　　主よ、いつも私のそばにいてくださるお陰で、私の魂は慰められ、癒やされます。あなたがおられるから、私は敵を恐れる必要はありません。

　　敵が私を攻撃しようと企んでいるならば用心を促し、いつもあなたの覆いの下で私を守ってください。いつ、どのようにあなたを呼び求め、祈るべきかを、私に教えてください。

13

困難の中にあり、助けが必要なとき
7月5日から7月19日の祈り

When I Need Help
in Tough Times

主ご自身があなたに先立って行き、あなたと共におられる。主はあなたを置き去りにすることも、見捨てることもない。恐れてはならない。おののいてはならない。

申命記 31:8

　主よ、あなたはどのような敵よりも強く、私の命のあるかぎり、日々、知らないところで私を守ってくださいます。ありがとうございます。

　私が困難に遭うときも、あなたご自身が先立って行き、私と共にいてくださいます。あなたは私を置き去りにすることも、見捨てることもなく、ゆえに私は困難を恐れる必要はありません。

　今日、どんなに難しい状況に直面しても、立ち向かう勇気と信仰を与えてください。

7月6日

困難の中にあり、助けが必要なとき

主の名は堅固なやぐら。
正しき者はそこに走り寄り、高く上げられる。

箴言 18:10

　主よ、今日、あなたの力強い御名（みな）を呼び求めます。誰かが私を陥れようとしているなら、守ってください。あなたは堅固なやぐら、苦難の時の逃れ場。私はそこに走り寄ります。

　今、御名を呼び求めます。私が置かれている状況に働いてください。つまずきから守ってください。主よ、あなたは私の主、私の一生に起きるすべての出来事を、治めておられる方です。

あなたの重荷を主に委ねよ。
この方はあなたを支え
正しき人を揺るがせることはとこしえにない。

詩編 55:23

　主よ、私の重荷をあなたに委ねます。思い煩う私を立ち上がらせ、困難な状況を乗り越えさせてください。自分の問題ばかりに目を向けず、あなたの愛を一心に見つめ、あなたを見上げます。

　人の愛は不完全です。けれどもあなたの愛は完全で、尽きることがありません。その愛に安らぎ、人生の試練さえも益とするあなたの御業（みわざ）を見つめることができるよう、私を導いてください。

7月8日

困難の中にあり、助けが必要なとき

**女は来て、イエスの前にひれ伏し、「主よ、私をお助け
くださいと言った。**

マタイによる福音書 15:25

　主よ、何よりもあなたを賛美します。あなたは私の主、どん
な人生の嵐よりも強いお方です。

　今、私は困難な状況に置かれています。どうぞ私を助け、
私の心が本当に求めていることを教えてください。私が呼
べば、あなたは答えてくださいます。感謝します。

憐れみを受け、恵みにあずかって、時宜に適った助けを受けるために、堂々と恵みの座に近づこうではありませんか。

ヘブライ人への手紙 4:16

　主よ、私はあなたの子どもですから、今、堂々と恵みの座に近づきます。今日、あなたの憐れみと恵みが必要です。私は困難を前にしています。あなたの助けなしでは立ち向かうことができません。

　どうか無事にこの状況を切り抜けることができるよう、私を助けてください。あなたは困難さえも益としてくださり、私の人生に奇跡をもたらしてくださる方です。

7月10日

私は山々に向かって目を上げる。
私の助けはどこから来るのか。
私の助けは主のもとから
天と地を造られた方のもとから。

詩編 121:1-2

　愛する主よ、助けを求めてあなたを見上げます。助けが来ないように見えるときも、恐れたり心配したりはしません。出口や解決法が見えなくても、不安はありません。私には見えなくても、あなたには見えているからです。

　ですからあなたを見つめ続けます。あなたは天と地を造られた方、すべてのものの造り主。私の問題を解決する方法をも、創造してくださる方です。あなたに不可能はありません。あなたを賛美し、感謝します。

思うに、今この時の苦しみは、将来私たちに現されるはずの栄光と比べれば、取るに足りません。

ローマの信徒への手紙 8:18

　　主よ、今の気分や状況がどうであれ、あなたが私の一生を預かってくださるのですから、私にはいつも喜ぶ理由があります。私の現状についても悲観はしません。あなたは困難さえも益としてくださる方だからです。

　　御言葉によれば、この困難を通してあなたが私にしてくださる御業と比べれば、今の苦しみなど取るに足りないものです。どうぞこの状況を通して、あなたの栄光を私に現してくださいますように。

7月12日

困難の中にあり、助けが必要なとき

民よ、どのような時にも神に信頼せよ。
御前(みまえ)に心を注ぎ出せ。
神は我らの逃れ場。

詩編 62:9

　主よ、あなたの言葉に従って、御前に心を注ぎ出します。あなたは私の逃れ場、あなたに信頼します。あなたは私の祈りを聞き、いつも答えてくださいます。

　心の悩みをすべて御手(みて)に委ねます。その重荷を再び自分で背負おうとしないよう、私を助けてください。

主が来られるまでは、何事についても先走って裁い
てはいけません。主は、闇に隠れた事を明るみに出し、
人の心の 謀 をも明らかにされます。その時には、
神からそれぞれ誉れを受けるでしょう。

コリントの信徒への手紙一 4:5

　主よ、目の前の問題を見つめるのではなく、私の状況をご
存じのあなたを見上げます。そして、あなたの力強い御手が
私の問題に触れてくださることを信じます。
　私の目にはマイナスと映ることも、あなたの手でプラスに
変えてください。今の状況を私の益とし、祝福へと変えるこ
とが、あなたにはできるのです。

7月 **14**日

困難の中にあり、助けが必要なとき

あなたは苦しみと悩みを御覧になり
御手（みて）によって救おうと顧みてくださる。
不幸な人はあなたに身を委ね
あなたはみなしごの助け手となられた。

詩編 10:14

　主よ、過去の悲しみが何度も戻って来て、私を苦しめます。
どうぞこの苦しみを消し、平安を与えてください。
　あなたは憐れみ（あわれみ）深い神、あなたは悲しむ私を見ておられ、
私の喪失感（そうしつかん）を分かってくださいます。それだけでなく、
御手を差し伸べ、祈りを聞いてくださるのです。
　記憶に張り付いて離れない苦しみから私を解き放ち、
自由にしてください。

彼らは飢えることも渇くこともなく
熱風も太陽も彼らを打つことはない。
彼らを憐れむ方が導き
水の湧く所に連れて行かれるからだ。

イザヤ書 49:10

　主よ、あなたは私を魂の牢獄から解放し、闇から救い出して光の方へといざなってくださいました。あなたは私の魂の飢え渇きを満たし、熱風からも守り、憐れみ深く私を導いて、水の湧く所に連れて行ってくださいます。

　今日私には、心の安らぐ場所が必要です。この困難な状況から救い出してください。もしくは、この困難に打ち勝たせてください。

7月16日

困難の中にあり、助けが必要なとき

私のきょうだいたち、さまざまな試練に遭ったときは、この上ない喜びと思いなさい。信仰が試されると忍耐が生まれることを、あなたがたは知っています。

ヤコブの手紙 1:2-3

　主よ、試練に遭ったときも、あなたを賛美します。あなたは私の主。私の問題をも治めてくださる方です。

　今の状況をあなたに委ねます。もし私の信仰を試しておられるのなら、私の中に忍耐する力を授けてください。最後には状況が良くなることを揺らぐことなく信じ、一つ一つの問題に納得できる解決が得られるまで待つことができますように。

正しい人には闇の中にも光が昇る
恵みに満ち、憐れみ深く、正しい光が。

詩編 112:4

　主よ、痛い目に遭うと、あなたに背いた罰ではないかと思うことがあります。今の困難は、私がしたこと、もしくはしなかったことが原因なのでしょうか。もし本当にそうならば教えてください。悔い改め、あなたとの関係を修復します。

　けれどもむしろ、あなたは何らかの目的のために、私に困難を与えておられるのではないでしょうか。あなたのご計画のためには、万事が共に働いて益となるということを信じ、感謝します。

7月18日

困難の中にあり、助けが必要なとき

私が呼び求めた日に答えてくださった。
あなたは私の魂を力づけてくださる。

詩編 138:3

　主よ、今日、あなたを呼び求めます。今の困難から私を解放してください。あなただけに可能な方法で、ふさわしい解決をもたらしてください。

　あなたは私が座るのも立つのも知り、遠くから私の思いを理解される方です。この状況について私が考えていることの一切を、あなたは見通しておられます。

　この荒海を航海する私を助けてください。ただ生き長らえて向こう岸に着くのではなく、勝利のゴールに至ることができるよう、あなたが導いてください。

このしばらくの軽い苦難は、私たちの内に働いて、比べものにならないほど重みのある永遠の栄光をもたらしてくれます。私たちは、見えるものではなく、見えないものに目を注ぎます。見えるものは一時的であり、見えないものは永遠に存続するからです。

コリントの信徒への手紙二 4:17-18

　主よ、人生の苦難は永遠に続くものではありません。このことに感謝します。どうぞすべてのことを共に働かせて、あなたに栄光を帰す結果をもたらしてください。

　目の前の問題ばかりではなく、目には見えなくても確かにそこにあるあなたの力と慈しみに心を向けることができますように。

　問題は一時的なものです。けれども、それを通して私の内に働くあなたの御業は、永遠に続くのです。

14

慰めと導きが必要なとき
7月20日から8月5日の祈り

When I Need Comfort
and Guidance

7月20日

天よ、喜び歌え。地よ、喜べ。
山々よ、歓声を上げよ。
主がご自分の民を慰め
その苦しむ者を憐れまれるからだ。

イザヤ書 49:13

　主よ、私が苦しんでいればあなたは聖霊を送り、私を慰め導いてくださいます。もっとあなたの慰めを感じ、あなたの導きをさらに深く理解することができますように。

　今、私は苦しみの中にありますが、あなたが導いておられる方向が分からないのに自分勝手に動くことはしません。

　私の心に呼びかけるあなたの声を聞き逃すことがないように、私を助けてください。

私、この私が、あなたがたを慰める者。
あなたは何者か。
死ぬべき人、草のごとく造られた人の子を
恐れるとは。

イザヤ書 51:12

　主よ、あなたを崇め、御名を畏れます。人がすることや人に
言われることに心が乱されないように、私を支えてください。
人ではなくあなたに、目を向けることができますように。
　あなたの守りの御手で私を覆い、危険が迫り来ないよう
に私を隠してください。悪しき者の 謀 から私を守り、あなた
が望まれる場所へと導いてください。

7月22日

慰めと導きが必要なとき

私は父にお願いしよう。父はもうひとりの弁護者を遣わして、永遠にあなたがたと一緒にいるようにしてくださる。

ヨハネによる福音書 14:16

　主よ、困難や心配があれば、私はいつでもあなたに慰めを求めることができます。私の内に住むようにと、あなたが聖霊を送ってくださったからです。今日、私は難しい状況に置かれています。どうぞあなたの慰めと平安を与えてください。

　私の魂の慰め主はあなただけです。人に頼ってがっかりするのではなく、ただあなたを求めることができますように。あなたの慰めだけが、永遠の、確かな慰めです。

たとえ死の陰の谷を歩むとも
私は災いを恐れない。
あなたは私と共におられ
あなたの鞭と杖が私を慰める。

詩編 23:4

　天の父よ、危険な所を歩くときにも、私は災いを恐れません。あなたが私と共におられるからです。あなたはいつも私を導き、道を外れそうになったら元の道に戻してくださいます。

　これからもあなたの鞭と杖で私を導いてください。私があなたの声に耳を貸さず、自ら災いを招くことがないように、どうぞ私を守ってください。

7月24日

慰めと導きが必要なとき

あなたは多くの苦しみと災いを
私に思い知らせましたが
再び命を与えてくださいます。
地の深い淵から再び引き上げてくださいます。
私を大いなるものとし
慰めを与えてくださいます。

詩編 71:20-21

　愛する主よ、今日もあなたのそばに行き、慰めを求めます。私は前からも後ろからもあなたの愛に囲まれています。私の一生に、あなたの慰めと癒やしの御手が届かないところはありません。

　どうぞ御手を伸ばして私に触れてください。あなたの癒やしの力で、心と体の痛みを取り去ってください。惨めな思いや不安な思いから解放してください。あなたの栄光のために私を大いなるものとし、実り多い一生を送らせてください。

あなたの仰せが私を生かす。
これこそが、この苦しみの中の慰めです。

詩編 119:50

　あなたの仰せは私を導き、私を生かし、私の魂を慰めます。

　私が苦しむとき、聖霊の慰めで苦しみを和らげ、御言葉（みことば）によって私の視野を広げてください。ほかの何ものでもなく、ただあなただけに慰めと導きを求めることのできる信仰へと、私を導いてください。

あなたの僕への仰せのとおり
どうか、あなたの慈しみが
私の慰めとなりますように。

詩編 119:76

　主よ、あなたの慈しみは私の慰め、あなたの愛には限りがありません。あなたは善い方です。あなたが私のために備えてくださる一生も、良いものです。このことをいつも疑わず、あなたに信頼させてください。

　問題や困難の兆しが見えたなら、すぐにあなたの慰めと導きを求めます。どうか、あなたの慈しみが、私の慰めとなりますように。

「エルサレムに優しく語りかけ
これに呼びかけよ。
その苦役の時は満ち
その過ちは償われた。
そのすべての罪に倍するものを
主の手から受けた」と。

イザヤ書 40:2

　主よ、あなたは私の罪を赦（ゆる）し、「苦役の時は満ちた」と宣言してくださいました。私のためにあなたが勝利してくださったのです。今、私の人生には、いつも休息と慰めの場所があります。

　あなたの道から迷い出て、高い代償を支払ったこともあります。けれども耐え忍ぶ者には、報いが豊かに与えられます。あなたの道からそれないよう、耐え忍びます。どうぞ今、あなたの慰めを与えてください。

7月28日

慰めと導きが必要なとき

私たちの主イエス・キリストの父なる神、慈しみ深い父、慰めに満ちた神がほめたたえられますように。神は、どのような苦難のときにも、私たちを慰めてくださるので、私たちも神からいただくこの慰めによって、あらゆる苦難の中にある人々を慰めることができます。

コリントの信徒への手紙二 1:3-4

　愛する主よ、私があなたに慰められてきたように、私も苦難の中にある人を慰めることができますように。

　拒絶されることを恐れて、人に手を差し伸べることをためらう気持ちが私にはあります。どうぞ勇気をください。いつ、どのように人を助けるべきか、判断する力を与えてください。

これもまた万軍の主から出たことである。
主は驚くべき計画を行われ
大いなる洞察を示される。

イザヤ書 28:29

　主よ、あなたの計画が分からないのに、不本意ながら今すぐに決めなければならないことがあります。今日、あなたの知恵と啓示を与えてください。あなたの知恵で私を満たし、急ぎながらも正しい決断を下すことができるよう、私を助けてください。

　私はあなたの完全な御旨の内にあります。このことは、私の大きな慰めです。

7月30日

慰めと導きが必要なとき

あなたこそわが岩、わが城。
御名のゆえに、私を導き、伴ってください。

詩編 31:4

　主よ、あなたこそわが岩、わが城。私を導き、諭し、知るべきことを知らせて、正しい決断をさせてください。

　急いで何かを決めなければならないときにも、あなたの知恵と知識をもって的確に決めることができるよう、私を助けてください。聖霊の存在と導きを感じ取ることができるように、私の心を敏感にしてください。

私はあなたに悟りを与え
歩むべき道を示そう。
あなたの上に目を注ぎ、諭しを与えよう。

詩編 32:8

　主よ、今御顔(みかお)を求め、あなたを見上げます。歩むべき道を示してください。あなたは私の慰めです。御旨(みむね)の中で、私は揺らぐことなく安心して歩むことができます。

　あなたが備えてくださった私の道からそれないように、どうぞ守ってください。日々あなたに導きを求めます。自分勝手なやり方で物事を進めることを、私に許さないでください。いつでもあなたから目を離さずにいることを、私に教えてください。

8月1日

主はシオンを慰め
そのすべての廃虚を慰め
荒れ野をエデンのように
荒れ地を主の園のようにされる。
そこには喜びと楽しみ、感謝と歌声がある。

イザヤ書 51:3

　主よ、私の中の廃虚を慰め、美しい園へと変えてください。死んだ土地を生き返らせ、干上がった地を潤してください。

　私の人生の、実りの少ない不毛な地では、あなたへ向かって深く根を下ろします。私の心の荒れ地を青々とした園にして、あなたへの感謝と賛美の歌声を植え付けてください。

主は常にあなたを導き
干上がった地でもあなたの渇きを癒やし
骨を強くされる。
あなたは潤された園のように
水の涸れない水源のようになる。

イザヤ書 58:11

　主よ、私のためにあなたが備えておられる道からそれることがないように、常に私を導いてください。私があなたの意に反しているなら、今すぐに罪を自覚し、御旨へと立ち帰ることができますように。

　今、私の魂は渇いています。どうぞあなたの命の水で私を潤してください。永遠に水の涸れない水源を与えてください。生き生きとした全き魂へと、私の魂を回復してください。

正しい人の誠実は自らを導き
裏切り者の邪悪は自らを滅ぼす。

箴言 11:3

　誠実は自らを導く、つまり「誠実に生きるなら、健やかで正しい判断ができる」とあなたは言われます。正直で正しい人、誠実な人になりたいと、私も望みます。

　主よ、あなたが造られた健やかで完全な姿へと、私を回復してください。全き者は、決して妥協することなく、常に誠実さを保つからです。

　いつも正しい時に正しい判断ができるように、誠実に生きることができますように。

恵みのしるしを私に現してください。
私を憎む者たちはそれを見て恥じ入るでしょう。
主よ、あなたは私を助け、慰めてくださいます。

詩編 86:17

　主よ、恵みのしるしを私に現してください。今日は特に、あなたの慰めが必要です。あなたのところに行き、私の思い煩いをあなたの足元に置きます。

　失敗しても、御旨に反しても、あなたはいつも忍耐強く、私を見守ってくださいます。感謝します。

8月5日

あなたの計らいは私を導き
やがて栄光のうちに私を引き上げてくださる。

詩編 73:24

　主よ、私はいつ、何をすべきでしょうか。助言と導きを求め、あなたを見上げます。何か特別な決断をする必要があるときには、あなたは私に相談相手を遣わしてくださいます。その人が誰なのかを、私に教えてください。

　私の人生の旅路の一歩一歩を、あなたの計らいで導いてください。そして、地上の命が終わる時もそばにいて、永遠へと私を引き上げてください。

15

生きる姿勢を新たにされたいとき
8月6日から8月17日の祈り

When I Need a New Attitude

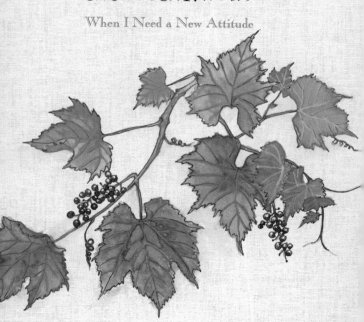

私は玉座から語りかける大きな声を聞いた。「見よ、神の幕屋が人と共にあり、神が人と共に住み、人は神の民となる。神自ら人と共にいて、その神となり、目から涙をことごとく拭い去ってくださる。もはや死もなく、悲しみも嘆きも痛みもない。最初のものが過ぎ去ったからである。」

ヨハネの黙示録 21:3-4

　主よ、あなたがすべてを新しくされれば、涙も死も、悲しみも嘆きもなくなります。今日、私の心も新しくしてください。
　キリストに似たものとなることを妨げる私の思考の癖と、悲観的で否定的な姿勢を、捨てることができますように。建設的で肯定的な態度を新しく身に着け、もっともっとキリストに似たものとされたいのです。

8月7日

たゆまず善を行いましょう。倦むことなく励んでいれば、時が来て、刈り取ることになります。

ガラテヤの信徒への手紙 6:9

　主よ、たゆまず善を行うことができるように、私を助けてください。がっかりすることが続くときや、正しいことをしても報われないときにも、倦むことなく励むことができますように。

　何をするにもあなたの内にとどまり、自分の流儀ではなくあなたの方法で行うことができますように。

　今良い種を蒔けば、いずれ良い実が実り、それを刈り取ることになります。途中で諦めることがないように、私を支えてください。

一人の心が喜びを抱けば人々の顔を明るくし
一人の心が苦しめば人々の霊は沈み込む。

箴言 15:13

　主よ、私の心に喜びを抱かせてください。私の心を苦しみから守り、霊を沈み込ませないでください。過去の心の傷も、完全に癒やしてください。

　あなたがくださる喜びを心に抱き、全き霊の内に生きること、それが私の望みです。前向きで、希望に満ち、人を励ます姿勢を保つことができますように。そして、私の人生にあなたのご計画が成るのを見ることができますように。

8月9日

生きる姿勢を新たにされたいとき

あなたがたは恵みにより、信仰を通して救われたのです。それは、あなたがたの力によるのではなく、神の賜物です。行いによるのではありません。それは、誰も誇ることがないためです。

エフェソの信徒への手紙 2:8-9

　主よ、救いは私の力によるのではなく、あなたの賜物です。この賜物は、受けて当然のものではありません。あなたに与えられた救いを傲慢に誇ったり、逆に無頓着であったりすることがないように、私を諭してください。

　あなたの救いは、私にその価値があるから与えられたのではなく、私の行いへの報酬でもありません。ただあなたの恵みによるものです。今日、救いに対する私の姿勢を新たにすることができますように。

主よ、朝に私の声を聞いてください。
朝が来る度に、あなたに向かって身を整え
待ち望みます。

詩編 5:4

　主よ、毎日朝一番に、あなたへの賛美を献げます。私の人生を治めておられるあなたを思いながら、毎朝目を覚ましたいのです。

　心配事や思い煩いで心がいっぱいになる前に、日々、私の願いをあなたに聞いていただきます。私の生きる姿勢を正して、私の心を喜びと希望に満ちたものに変えてください。

8月11日

生きる姿勢を新たにされたいとき

主よ、私を調べ、試してください。
私の思いと心を確かめてください。

詩編 26:2

　主よ、御言葉と一致しない考えを信じ込むことがないよう、敵の嘘を見分ける力を与えてください。いつもあなたの御言葉に照らして、私の思いを吟味することができますように。

　私の思いと心を清め、悪いものが入り込まないように守ってください。そして、私の心にあなたの愛と平和を溢れるほど注いでください。御国にふさわしい、人を祝福するものとなるように、私の心の在り方を変えてください。

神よ、私のために清い心を造り
私の内に新しく確かな霊を授けてください。

詩編 51:12

　愛する主よ、私の心から後ろ向きな気持ちを洗い流し、聖霊を注いでください。私の魂を新しくして、強く揺るがないものにしてください。私の思いがあなたの思いと一つになり、私の内にキリストの心が現されますように。

　私のために清い心を造り、私の内に新しく確かな霊を授けてください。そして、あなたが造ってくださったとおりの全き者へと、私を回復してください。

8月13日

主である私が心を探り
思いを調べる。
おのおのが歩んだ道
その業が結んだ実に応じて報いるためである。

エレミヤ書 17:10

　主よ、私の心を探り、あなたの道と異なるものを退けてください。ふさわしい器としてあなたに仕えるために、いつもあなたの前に清く澄んだ心でいることができますように。
　私の生きる姿勢は、あなたに栄光をもたらすものでしょうか。もしそうでないならば、あなたの御心のままに私を変えてください。

主よ、誰があなたの幕屋にとどまり
聖なる山に宿ることができるのでしょうか。
それは、全き道を歩み、義を行い
心の中で真実を語る者。

詩編 15:1-2

　主よ、あなたのおられる場所に住まうこと、それが私の望みです。そこではすべてに意味があり、すべてが真実で、永遠の希望があります。

　私の心を造り変え、新しい見通しを与えてください。世に倣うのではない、新しい物事の考え方を授けてください。

　御旨の内に生きる私の生き方が、あなたを証しするものとなりますように。変わることも揺らぐこともない道を、あなたと共に歩ませてください。

8月15日

生きる姿勢を新たにされたいとき

全地よ、主に向かって喜びの声を上げよ。
喜びながら主に仕えよ。
喜び歌いつつその前に進み出よ。

詩編 100:1-2

　主よ、今日、希望と喜びに溢れた明るい心を私に与えてください。私の霊を励まし、あなたの喜びで満たしてください。
　あなたの御名を賛美します。私の心が沈み込むとき、あなたは顔を上げさせてくださいます。あなたはとこしえに私の父、永遠の命を与えてくださった方です。

私は全き道を悟ります。
あなたはいつ、私のところに来られるのか。
私は全き心をもって
わが家の内を歩みます。

詩編 101:2

　主よ、人に対して悪い態度や誤った態度を取ることは罪です。物事が自分の思いどおりにならず、不機嫌になったときには、罪を告白します。こうした態度は、高ぶりから来ているからです。

　人に対する誤った態度から私の心を清めてください。特に家庭の中でこうした罪を悔い改めず、敵の罠に陥ることがないように、私を守ってください。

8月17日

生きる姿勢を新たにされたいとき

私の魂よ、主をたたえよ。
私の内なるすべてのものよ
その聖なる名をたたえよ。

詩編 103:1

　主よ、私の内なるすべてのものがあなたの御業をたたえます。あなたの目に適う者としてくださり、感謝します。

　私の心に平安と未来への希望を与えてください。平和と希望に溢れた態度を保って生きることができますように。そのような私の姿勢が周りの人にも伝染し、祝福となりますように。

16

平安と満ち足りた心が必要なとき

8月18日から8月31日の祈り

When I Need Peace
and Contentment

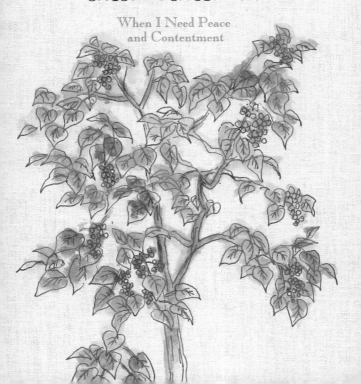

これらすべてのことにおいて、私たちは、私たちを愛してくださる方によって勝って余りあります。

ローマの信徒への手紙 8:37

　天の父よ、私たちを愛してくださるあなたによって、私はこれからも勝って余りあります。私はあなたの子、あなたは私の味方です。キリストの内にある私は、勝利者なのです。

　あなたは私のことを、良い者と呼んでくださいます。この言葉を信じさせてください。そうすれば私は、何が起こっても安心して生きることができます。将来を心配することなく、あなたの愛に完全に身を委ねます。

8月19日

平安と満ち足りた心が必要なとき

全き人を守り、まっすぐな人を見よ。
後_{のち}の繁栄は平和の人にある。

詩編 37:37

　　主よ、私はあなたを信じていますが、それでも周りで見聞きすることのせいで不安定になることがあります。周囲の人の不安につられて、自分も不安になることもあります。

　　どうぞ今、人知を超えたあなたの平和で私の心を満たしてください。あなたの道をまっすぐに歩かせ、あなたが備えてくださる平和の道を見いださせてください。

　　あなただけを見つめ、あなたの平和にとどまることができますように。

あなたの律法を愛する者には豊かな平安があり
この人たちをつまずかせるものはありません。

詩編 119:165

　愛する主よ、今日、あなたの平和をもっと深く理解させてください。聖書を読むとき、私の心は平安で満たされます。
　御言葉という堅い基の上に立ち続けることができるよう、私を導いてください。
　あなたの律法を愛し、それに従って生きるなら、人生はうまくいきます。よろめくことも、転ぶことも、つまずくこともないように、あなたの道を知り、律法に従って歩みます。

正義が造り出すものは平和。
正義が生み出すものは
とこしえに至る静けさと信頼である。

イザヤ書 32:17

　主よ、今置かれている場所で満ち足りることができますように。あなたと共に歩くなら、あなたは必ず、次の場所へと私を導いてくださるからです。

　あなたが私のために備えてくださる未来を経験するために、次の一歩を踏み出す時と方法も教えてください。あなたに従って生きるなら、あらゆる人知を超えた神の平和が与えられると、私は信じます。

志の堅固な者を
あなたは確かな平安をもって守られる。
彼があなたを信頼しているゆえに。

イザヤ書 26:3

　主よ、あなたと御言葉（みことば）への堅固な信仰を与えてください。周囲の悲惨な出来事に打ちのめされたり、悪いニュースに動揺したりせず、あなたを完全に信頼することができますように。そうすればあなたは私の恐れを消し、確かな平安をもって守ってくださるでしょう。

　私だけでなく、愛する人たちのことも守ってください。私の大切な人たちがあなたを信じ、より深くあなたを知ることができるよう、どうぞ導いてください。

8月23日

平安と満ち足りた心が必要なとき

すべて重荷を負って苦労している者は、私のもとに来なさい。あなたがたを休ませてあげよう。私は柔和で心のへりくだった者だから、私の軛<ruby>軛<rt>くびき</rt></ruby>を負い、私に学びなさい。そうすれば、あなたがたの魂に安らぎが得られる。私の軛は負いやすく、私の荷は軽いからである。

マタイによる福音書 11:28-30

　主よ、今日あなたのもとに行き、あなたの軛を負います。私の重荷を負ってくださると、あなたが約束してくださったからです。あなたの軛は負いやすく、あなたの荷は軽いのです。

　私の魂を休息の場に帰らせてください。あなたの道をもっと学び、あなたの平安の内に生きることができますように。魂の安らぎなくして、あなたが私のために用意しておられる全き人生を生きることはできません。

このように、私たちは信仰によって義とされたのだから、私たちの主イエス・キリストによって神との間に平和を得ています。

ローマの信徒への手紙 5:1

　主よ、あなたは決して私を見捨てず、過去の罪をすべて赦（ゆる）してくださいました。これからも私は罪を告白し、あなたに赦されます。この世においても来（きた）るべき永遠の世でも、確かな未来があると知っている私には平安があります。

　私の人生に起こること、または起こらないことのせいで心配になり始めたときには、この平安を頼りにすることができますように。

どのような道を歩むときにも主を知れ。
主はあなたの道筋をまっすぐにしてくださる。

箴言 3:6

　主よ、不安なときも、心からあなたに信頼することができますように。期待したように事が運ばず、不満が溜まっているときには、自分の力に頼るのではなく、あなたの視点から状況を理解しようとすることができますように。

　あなたは私にとっての最善をご存じで、私の心の叫びも聞いておられます。何をするにもあなたを見上げます。あなたが決めておられる私の道筋を、あなたの導きに従って歩ませてください。

物欲しさにこう言うのではありません。私は、自分の
置かれた境遇に満足することを学びました。

フィリピの信徒への手紙 4:11

　　主よ、不安も、受け入れがたい状況もあなたに委ねます。
「状況が変わってほしい」とやきもきしていても、自分の置か
れた境遇に満足し、平安な心を保つことができますように。
あなたが最善をなしてくださるということを、私は信じます。
　　あなたはこの状況からも、良いものを生み出してください
ます。私を愛しておられるからです。あなただけを見上げて、
今の困難が過去のものとなる日を期待して待つことができ
ますように。

8月27日

平安と満ち足りた心が必要なとき

満ち足りる心を伴った敬虔（けいけん）は、大きな利得の道です。私たちは、何も持たずに世に生まれ、世を去るときは何も持って行くことができないからです。食べる物と着る物があれば、私たちはそれで満足すべきです。

テモテへの手紙一 6:6-8

　主よ、あなたに従う敬虔な生き方を学ぶことほど、大切なことはありません。そうして得られる平安と満ち足りた心は、すばらしいものだからです。ないものを欲しがって気をもむのではなく、最小限のもので満足する心を与えてください。

　私の望みをあなたの恵みの御手（みて）に委ねます。あなたはご計画に従って、私の心に望みを置いてくださいます。

私たちすべてのために、その御子をさえ惜しまず死に渡された方は、御子と一緒にすべてのものを私たちに賜らないことがあるでしょうか。

ローマの信徒への手紙 8:32

　天の父よ、あなたはすでに多くのものを与えてくださいましたし、これからも必要をすべて満たすと約束しておられます。ですから人の持っているものに執着しません。あなたは必要を満たすことなく私を置き去りにはしないと、約束してくださったのです。

　お金や生活の心配があるときにも、あなたを完全に信頼し、あなたに依り頼みます。あなたが与えてくださるものに満足して、平安のうちに歩むことができますように。

8月29日

平安と満ち足りた心が必要なとき

あらゆる人知を超えた神の平和が、あなたがたの心
と考えとをキリスト・イエスにあって守るでしょう。

フィリピの信徒への手紙 4:7

　主よ、今日、私の心から、恐れも疑いも心配事もすべて消
してください。代わりに、あなただけが与えることのできる平
和を与えてください。あなたの平和は、益とならないことから
私の考えを守り、命を損なう思いから私の心を守ります。

　あなたの平和の深さは、私の想像をはるかに超えたもの
です。その内に歩むなら、私は全き者とされるのです。

平安と満ち足りた心が必要なとき

以前はそのように遠く離れていたあなたがたは、今、キリスト・イエスにあって、キリストの血によって近い者となりました。キリストは、私たちの平和であり、二つのものを一つにし、ご自分の肉によって敵意という隔ての壁を取り壊し、数々の規則から成る戒めの律法を無効とされました。

エフェソの信徒への手紙 2:13-15

　神よ、キリスト・イエスは十字架で私のために死に、永遠の命を与えてくださいました。主イエスは、あなたと私の間の隔ての壁を取り壊してくださったのです。

　主イエスを救い主として心に招き入れた私は、あなたと共に歩み、あなたの平和を味わうことができます。心に葛藤や不安があるときはなおのこと、あなたが私の平和であることを心に留めることができますように。

私の民は、平和な住まい、安全な家
心配の要らない安らぎの場に住む。

イザヤ書 32:18

　主よ、私の家庭と生活を守ってください。あなたは私の主、私の人生のすべての領域を治めてくださる方です。あなたは私に、平和な住まい、安全な家、心配の要らない安らぎの場を与えてくださいます。

　わが家に平和がないとき、私は祈ります。あなたの平和の霊で私の家に平和をもたらしてください。争いのない家に暮らすなら、私の心と体と魂は、健やかな、全き状態へと回復されるでしょう。

17

もっと愛が必要なとき
9月1日から9月12日の祈り

When I Need More Love
in My Life

私たちが神の子どもと呼ばれるために、御父（おんちち）がどれほどの愛を私たちにお与えくださったか、考えてみなさい。事実、私たちは神の子どもなのです。世が私たちを知らないのは、神を知らなかったからです。

ヨハネの手紙一 3:1

　天の父よ、私はあなたの子ども、あなたは私を愛しておられます。人から受けるはずだった愛が「足りない」と感じることがないほどに、あなたの愛を信じます。これまでの人生で、私が願うように私を愛してくれなかった人への思いを手放します。

　今もこれからも、あなたの愛は、人の愛よりもはるかに大きな愛です。完全で、無条件の、尽きることのない愛なのです。

9月2日

もっと愛が必要なとき

誰でも、イエスを神の子と告白すれば、その人の内に神はとどまってくださり、その人も神の内にとどまります。私たちは、神が私たちに抱いておられる愛を知り、信じています。神は愛です。愛の内にとどまる人は、神の内にとどまり、神もその人の内にとどまってくださいます。

ヨハネの手紙一 4:15-16

　主よ、私は心を開いて、あなたの完全な愛を受け取ります。私が主イエスを神の子と告白し、心に受け入れたゆえに、あなたは私の内にとどまってくださいます。

　あなたの愛を疑うことなく、安心して生きることができますように。あなたの愛の内に私を育て、愛情深い親のもとで育つ子どものように、すくすくと成長させてください。

心を尽くし、魂を尽くし、思いを尽くして、あなたの神
である主を愛しなさい。

マタイによる福音書 22:37

　主よ、私の人生にとって最も大切なことは、何よりも、誰よ
りもあなたを愛することです。私の中には、心を尽くし、魂を
尽くし、思いを尽くして、あなたを愛していない領域がないで
しょうか。

　私に二心があり、あなた以外のことに気を散らしている
ならば、それに背を向けさせてください。私の中のすべてを
もってあなたを愛することを、私に教えてください。

9月4日

私たちは昼に属していますから、信仰と愛の胸当てを着け、救いの希望の兜(かぶと)をかぶり、身を慎んでいましょう。

テサロニケの信徒への手紙一 5:8

主よ、「私は愛されていない」と感じる日があります。「そのせいで人を愛することもできない」とも感じます。いずれの思いも罪です。御言葉(みことば)には、あなたは私を愛するとあります。私の知るあなたは、確かに私を愛してくださる方です。

いつもあなたの愛に信頼することができますように。愛されていないという思いから、私を自由にしてください。あなたの愛によって私は癒やされ、全き者へと完成されるのです。

見よ、あなたがたが散らされて、自分の家に帰ってしまい、私を独りきりにする時が来る。いや、すでに来ている。しかし、私は独りではない。父が、共にいてくださるからだ。

ヨハネによる福音書 16:32

　天の父よ、あなたから私を引き離すことのできるものは、何一つありません。どこに逃れても、あなたから隠れることはできません。深い海の底にも、海のかなたにも、あなたの愛は私を追って来ます。

　皆に見捨てられても、主イエスは独りではありませんでした。あなたが共におられたからです。私も主イエスのように、あなたがおられることをいつも感じて生きることができますように。

もっと愛が必要なとき

たとえ私が、預言する力を持ち、あらゆる秘義とあら
ゆる知識に通じていても、また、山を移すほどの信
仰を持っていても、愛がなければ、無に等しい。

コリントの信徒への手紙一 13:2

　主よ、私をあなたの愛で満たしてください。皮肉で批判的
な態度や、不平不満でいっぱいの心でいるのではなく、あな
たから来る良いものを、どのような状況にも見いだすことが
できますように。

　あなたのように人を愛することを教えてください。この世
で何を達成しても、あなたと人に対する愛がなければ、その
価値は無に等しいものだからです。

私を愛する人は、私の言葉を守る。私の父はその人を愛され、父と私とはその人のところに行き、一緒に住む。

ヨハネによる福音書 14:23

　主よ、あなたを崇め、愛します。あなたの言葉を守り、あなたに従うこと、それが私の望みです。あなたの道を生きることができるように、私を変えてください。

　私の人生を私自身が治め、あなたを片隅に押しやることのないように、私を見張ってください。今日も、これからもずっと、私のところに来て、一緒に住んでください。

9月8日

父が私を愛されたように、私もあなたがたを愛した。
私の愛にとどまりなさい。

ヨハネによる福音書 15:9

　主よ、あなたはありのままの私を愛してくださいます。そして
それゆえに、私をこのままにしておくことなく、全き人生へ
と導いてくださいます。

　あなたに造られた本来の私の姿を見せてください。あな
たが備えておられる恵みのすべてを与えてください。

　私の心を完全に癒やし、私を全き者にするのは、あなた
の無条件の愛だけです。あなたの愛はそれほど強く、完全
な愛なのです。

キリストの平和があなたがたの心を支配するように
しなさい。この平和のために、あなたがたは招かれ
て一つの体とされたのです。また、感謝する人になり
なさい。

コロサイの信徒への手紙 3:15

　主よ、あなたに愛されていることで、私の心は平和です。
あなた以上に他のものを愛することなく、純粋な心であなた
を愛することができますように。
　難しいこと、大変なことに立ち向かわなければならないと
きも、心に愛を保つことができるよう、私を助けてください。
　あなたの愛で私を全き者とし、私の人間関係や置かれて
いる状況をも、全きものにしてください。

9月10日

もっと愛が必要なとき

私たちが神を愛したのではなく、神が私たちを愛し、私たちの罪のために、宥(なだ)めの献(ささ)げ物として御子(みこ)をお遣わしになりました。ここに愛があります。愛する人たち、神がこのように私たちを愛されたのですから、私たちも互いに愛し合うべきです。

ヨハネの手紙一 4:10-11

　主よ、私があなたを知る前からあなたは私を愛し、私の罪のために、宥めの献げ物として御子を遣わしてくださいました。

　あなたが私を愛してくださるのと同じように、人を愛することができますように。自分を献げ、周りの人に愛を示すことができますように。

　人に愛されるためには、自分が愛を示さなければなりません。私を助け、人を愛することのできる者としてください。

信仰と、希望と、愛、この三つは、いつまでも残ります。
その中で最も大いなるものは、愛です。

コリントの信徒への手紙一 13:13

　主よ、あなたがどれほど深く私を愛しておられるのか、完全に理解することはできるのでしょうか。

　信仰よりも、希望よりも大きな、あなたの完全な愛で、私という存在を満たしてください。そして、私の愛に欠けた所を修復し、全き者にしてください。「愛されていない」と感じる心の傷も癒やし、私を自由にしてください。私もあなたのように、人を愛したいのです。

9月12日

もっと愛が必要なとき

あなたは座るのも立つのも知り
遠くから私の思いを理解される。
旅するのも休むのもあなたは見通し
私の道を知り尽くしておられる。

詩編 139:2-3

　主よ、私を愛し、気にかけてくださるあなたは、私の座るの
も立つのも知っておられます。私のすべてをご存じなのに、
それでも私を愛してくださるのです。
　人に無視されている、愛されていないと感じるときには
特に、あなたの愛を感じさせてください。知らない人ばかり
の場所や会合などで心細いときにも、あなたに愛されてい
ること、あなたとつながっていることを、深く感じることがで
きますように。

18
信仰を強められたいとき
9月13日から10月2日の祈り

When I Need Greater Faith

信仰とは、望んでいる事柄の実質であって、見えないものを確証するものです。

ヘブライ人への手紙 11:1

　主よ、もっと強い信仰を与えてください。見えないものを信じさせてください。望んでいる事柄が成就すると、確かに信じることができますように。

　あなたは私の祈りを聞き、答えてくださいます。時間がかかっても、希望を失わずにあなたの答えを待ちます。あなたを待つ間にも、どうぞ私の信仰を成長させ、強めてください。

　私が望んでいる癒やしと全き心も、いつか必ず与えられることを信じ、感謝します。

9月14日

忠実な人々は栄光のうちに大いに喜び
床（とこ）に伏していても喜び歌う。
その喉には神のほめ歌があり
手には両刃（もろは）の剣（つるぎ）がある。

詩編 149:5-6

　主よ、あなたを拝します。御名（みな）に栄光がありますように。あなたはご自身の目的に合わせて、私の一生を変えてくださる方です。

　心配事で夜中に目が覚めても、あなたのほめ歌を歌わせてください。心が沈み込み、歌う気持ちになれないときも、暗雲を吹き飛ばす歌を私の内から湧き出させてください。

　御言葉（みことば）が賛美の歌として私の口から溢（あふ）れ出るほどに、聖書をよく知ることができるよう、私を助けてください。

少しも疑うことなく、信じて求めなさい。疑う者は、風に吹かれて揺れ動く海の波に似ています。

ヤコブの手紙 1:6

　主よ、失敗を恐れる気持ちや、「自分はどうせ何もできない」という思いを、私から取り去ってください。私など取るに足りないと、敵はささやいてきます。「いつかひどい間違いをして痛い目に遭うのでは」という恐れも、しつこく付きまといます。

　嵐に翻弄される船のように不安定な信仰ではなく、強く揺るがない信仰をもって、あなたに依り頼むことができますように。嵐の時も凪の時も、あなたは私の魂のための錨です。

9月16日

信仰を強められたいとき

信じます。信仰のない私をお助けください。

マルコによる福音書 9:24

　　主よ、物事がうまくいかないときにも、疑いの入り込む隙のないほど強い信仰を与えてください。あなたは私の神、あなたを信じます。あなたは善いお方、私を愛し、奇跡を行(おこな)われる方。あなたは私の人生で、不可能を可能にしてくださいます。

　　あなたは私の祈りを確かに聞いておられ、私のための完全なご計画に従って、完璧なタイミングで答えてくださいます。このことを信じる信仰を、私に与えてください。

見よ、高慢な者を。
その心は正しくない。
しかし、正しき人はその信仰によって生きる。

ハバクク書 2:4

　主よ、「正しき人はその信仰によって生きる」とあなたは
おっしゃいました。あなたは人にはできないことができる、
このことを信じ続けることができますように。

　高ぶった態度で「私には何かを起こす力がある」と信じ込
むことがないように私を助け、私の魂をまっすぐにしてくだ
さい。

　変わることのない恵みの御手への信頼を失いかけたなら、
私の心を正してください。

信仰を強められたいとき

娘よ、あなたの信仰があなたを救った。安心して行きなさい。病苦から解放されて、達者でいなさい。

マルコによる福音書 5:34

　主よ、私が求めて祈るなら、心も体も癒やされることを信じさせてください。「あなたの信仰があなたを救った」と主イエスに言われた娘のような、強い信仰を私にも与えてください。あなたがその癒やしの御手で私の心と体に触れてくださることを、私も信じます。

　あなたを疑う気持ちが私の中にあるならば、取り去ってください。疑いは、完全な癒やしを阻むものだからです。

イエスが二人の目に触れ、「あなたがたの信仰のとおりになれ」と言われると、二人は目が見えるようになった。

マタイによる福音書 9:29-30

　主よ、二人の盲人に「あなたがたの信仰のとおりになれ」と主イエスは言われ、二人を癒やされました。主イエスにはできると、二人が信じたからです。

　私も癒やしが必要です。どうぞ私の目を開き、見るべきものを見せてください。必要な癒やしが与えられないのは、私の信仰が弱いからでしょうか。

　主よ、私の信仰を強め、あなたが私を完全に癒やし、健やかな、全き者へと回復してくださると、信じさせてください。

9月20日

信仰を強められたいとき

イエスはすぐに手を伸ばして捕まえ、「信仰の薄い者よ、なぜ疑ったのか」と言われた。そして、二人が舟に乗り込むと、風は静まった。

マタイによる福音書 14:31-32

　主よ、倒れそうです。私を流し去ろうと襲ってくる荒波の上を歩こうとしますが、吸い込まれてしまいそうです。

　倒れたら、手を伸ばして私を捕まえ、抱き上げてください。「あなたは私の人生に大きな業をなしてくださる」と信じる強い信仰を、どうぞ与えてください。

イエスはお答えになった。「女よ、あなたの信仰は立派だ。あなたの願いどおりになるように。」その時、娘の病気は癒やされた。

マタイによる福音書 15:28

　愛する主よ、私が人のために祈り、その人が癒やされるのを見ること、それが私の願いです。苦しんでいる人、望みを失っている人の癒やしのために祈ることのできる信仰を、私の内に育ててください。

　「信じるならば癒やされる」と聖書は語っています。自分が癒やされると信じる心を、同時に「人のために祈るなら、その人も必ず癒やされる」と信じる心を、私にも与えてください。

9月22日

もし、からし種一粒ほどの信仰があるなら、この山に向かって、「ここから、あそこに移れ」と言えば、移るだろう。あなたがたにできないことは何もない。

マタイによる福音書 17:20

　主よ、今日、山をも動かす信仰が必要です。人生には、私にはどうにも動かせない状況が山のごとく立ちはだかることがありますが、あなたは山をも動かすことができる方です。

　私の信仰は実に、からし種ほど小さなものです。その種をあなたが大きな木へと育ててください。そして、障害物の山に向かって私が「ここから、あそこに移れ」と言えば、移るのを見せてください。

　あなたにできないことなど、何一つありません。

今日は野にあって、明日は炉に投げ込まれる草でさえ、神はこのように装ってくださる。まして、あなたがたにはなおさらのことである。信仰の薄い者たちよ。

ルカによる福音書 12:28

　主よ、時に私は、自分の必要が満たされないのではないかと心配になります。今の私には想像できないことを信じる信仰を、私に与えてください。

　あなたは私の必要を満たすことを望んでおられるのに、それを信じることができない私の不安を取り去り、私の信仰を成長させてください。

9月24日

私どもの信仰を増してください。

ルカによる福音書 17:5

　主よ、弟子たちさえ「信仰を増してください」と祈りました。奇跡をその目で見ても、疑わずにいられなかったのです。どうぞ私の信仰も増してください。

　あなたは私の中に奇跡を起こし、私を通してあなたの望みどおりの御業をなさる方です。私がその邪魔をしないように、私の信仰を大きく育ててください。

　あなたは私の人生に働き、私を全き者に完成してくださいます。このことを信じる信仰を、私に与えてください。

イエスは女に言われた。「あなたの信仰があなたを救った。安心して行きなさい。」

ルカによる福音書 7:50

　主よ、あなたが私を癒やし、救ってくださることを、疑うことなく信じることができますように。「あなたは私を決して見捨てず、決して置き去りにはしない」と、信じる思いを授けてください。

　主イエスへの信仰によって、私は永遠の救いを得ました。この信仰を大きく育て、今、私自身の疑いや不信仰から私を救ってください。

9月26日

私は福音を恥としません。福音は、ユダヤ人をはじめ、ギリシア人にも、信じる者すべてに救いをもたらす神の力です。神の義が、福音の内に、真実により信仰へと啓示されているからです。「正しい者は信仰によって生きる」と書いてあるとおりです。

ローマの信徒への手紙 1:16-17

　主よ、あなたは、あなたを信じるように私たちを召しておられます。どうぞあなたへの信仰が、私の日々の歩みとなりますように。

　あなたは私の傷を癒やすことを望んでおられ、実際にそうすることができる方です。このことを信じる信仰がなければ、私の傷は治りません。

　私を全き者として完成するために、あなたは必要なことをすべてしてくださいます。このことを今、私は信じます。

あなたがたは大いに喜んでいます。今しばらくの間、さまざまな試練に悩まなければならないかもしれませんが、あなたがたの信仰の試練は、火で精錬されながらも朽ちるほかない金よりはるかに尊く、イエス・キリストが現れるときに、称賛と栄光と誉れとをもたらすのです。

ペトロの手紙一 1:6-7

　主よ、日々、私の信仰が試されています。この試練を耐え抜くことができますように。私の信仰を精錬し、純金のように輝かせて、強く、変わることのない、揺るがないものとしてください。

　私の行いがあなたに栄光をもたらすものとなるように、私が通る一つ一つの試練を通して、あなたと御言葉への信仰をもっと強いものへと成長させてください。

信仰による祈りは、弱っている人を救い、主はその人を起き上がらせてくださいます。その人が罪を犯しているのであれば、主は赦してくださいます。

ヤコブの手紙 5:15

　主よ、私にも人にも癒やしが与えられることを、固く信じさせてください。あなたは癒やし主です。あなたには私たちを癒やす力があり、私たちを癒やすことを強く願っておられます。このことを信じる思いを、日々強くしてください。

　私の夢は、人の癒やしのために祈り、その人が癒やされるのを見ることです。癒やしを願う心を私に与え、祈りに応えて私たちを癒やしてください。

人は行^{おこな}いによって義とされるのであって、信仰だけによるのではありません。

ヤコブの手紙 2:24

　主よ、信じるだけでなく、信じていることを実行することが大切だと、私は知っています。私の人生にあなたがすばらしいことを起こしてくださることを信じて、私の心は躍ります。

　あなたの言葉を信じます。それだけでなく、その信仰を行動に移し、将来について心配することをやめます。そして、あなたがいつも私の祈りを聞いて答えてくださることを信じると、心に決めます。

信仰を強められたいとき

私の言葉も私の宣教も、雄弁な知恵の言葉によるものではなく、霊と力の証明によるものでした。それは、あなたがたの信仰が人の知恵によらないで、神の力によるものとなるためでした。

コリントの信徒への手紙一 2:4-5

　主よ、人ではなく、あなたに信頼します。あなたの知恵に比べれば人間の知恵など無に等しく、あなたのような大きな力も人にはありません。

　あなただけが私の置かれた状況を変え、人生に奇跡を起こせる方、ただあなただけに頼ります。

　永遠にあなたと過ごすその日まで、あなたはこの地上で私の面倒を見てくださいます。私の信仰を育て、そう信じることができるようにしてください。

私たちは、直接見える姿によらず、信仰によって歩んでいるからです。

コリントの信徒への手紙二 5:7

　主よ、周囲の状況に不安になるのではなく、信仰によって歩むことができますように。目の前に起こっていることで悩んだり、信仰が揺らいだりしないように、私を助けてください。問題ではなく、あなたに目を向けることができますように。

　毎朝あなたに向かってこう言います。「今日、何があっても、あなたの内に歩みます。」何をするにもあなたに祈り、一度祈った後は、その答えを御手に委ねます。

10月2日

信仰を強められたいとき

**信仰は聞くことから、聞くことはキリストの言葉に
よって起こるのです。**

ローマの信徒への手紙 10:17

　主よ、あなたの言葉を読む度に、私の信仰は強められ
ます。聖書を理解し、私の人生に生かすことができるよう、
私を助けてください。
　御言葉が私に示していることを実行することができますよ
うに。御言葉を学び、記憶することができますように。
　御言葉を私の心に刻みつけてください。あなたの言葉を
読み、口にする度に、私の信仰が増していきますように。

19
命をもたらす言葉を話したいとき
10月3日から10月16日の祈り

When I Need to Speak Life

聞け、私は唇を開いて語ろう
高貴なことを、公平なことを。

箴言 8:6

　主よ、私の唇から高貴なことだけを語ることができますように。後ろ向きではなく前向きなことを、死ではなく命の言葉を、口にすることができますように。

　私が話す言葉は、私の人生に祝福をもたらすことも、反対に遠ざけることもできます。あなたは私のために、良いものを備えておられます。私の言葉であなたの祝福を妨げることがないように、私の唇を守ってください。

10月4日

命をもたらす言葉を話したいとき

主なる神は、弟子としての舌を私に与えた
疲れた者を言葉で励ますすべを学べるように。
主は朝ごとに私を呼び覚まし
私の耳を呼び覚まし
弟子として聞くようにしてくださる。

イザヤ書 50:4

　主よ、ふさわしい言葉をふさわしい時に話す力を与えてください。慰めや励ましが必要な人を癒やし、気持ちを落ち着かせる言葉、相手の徳を高め、励ます言葉を、選ぶことができきますように。

　自分がどう思われるかを気にすることなく、話す相手に集中し、どのような状況や必要にも適切に応じることができるよう、私を助けてください。

私はあなたの口に私の言葉を入れ
私の手の陰にあなたを隠し
天を広げ、地の基を据え
シオンに、「あなたはわが民」と言う。

イザヤ書 51:16

　主よ、私はあなたの子、私が話す言葉は、あなたを映すものでなければなりません。

　あなたが私の口に入れてくださる言葉だけを話すことができますように。そうすれば、私が話す言葉は、あなたの愛と計画の基を相手の人生に据えることとなるでしょう。

　人に命を与える言葉は、私自身をも生かす言葉です。破壊的な言葉を自分にも他人にも向けることがないように、私を助けてください。

10月6日

命をもたらす言葉を話したいとき

毒蛇の子らよ、あなたがたは悪い人であるのに、どうして良いことが言えようか。およそ心から溢れることを、口は語るのである。

マタイによる福音書 12:34

　主よ、私の心にあることは、結局は私の語ることに表れます。私の心が苦々しい思い、妬み、怒りでいっぱいならば、それは私の弱いときに溢れ出てきて、人の心を壊したり傷つけたりするでしょう。

　ですから祈ります。私のために清い心を造り、あなたの霊で満たしてください。私の心から溢れる言葉が、聞く人に命をもたらす、敬虔な言葉だけになりますように。

何をどう言おうかと心配してはならない。言うべきことは、その時に示される。

マタイによる福音書 10:19

　主よ、何をどう言おうかと気をもんだり、言うべきことを言えず悔やんだり、言うべきでないことを言って後で後悔したりすることのないよう、私を守ってください。

　あなたは、どのタイミングで何を言うべきかを、私に教えてくださる方です。一対一の対話、雑談、人前でのスピーチなど、人と話すときには、いつもぴったりな言葉を与えてください。

10月8日

命をもたらす言葉を話したいとき

自分の口と舌を守る人は
苦難から自分の魂を守る。

箴言 21:23

　主よ、私の口と舌を守ってください。人を傷つけ、気分を害する言葉を発したときのことを後悔しています。話す言葉に注意を払い、人に命と愛と励ましをもたらす言葉を話すならば、私自身の魂を苦難から守ることができるでしょう。

　私が話す言葉は、人生の基盤の良し悪しを左右します。人や自分自身の心を壊す言葉ではなく、築き上げる言葉を話すことができますように。

中傷して歩く者は秘密を漏らす
真実な思いを持つ人は事を覆い隠す。

箴言 11:13

　主よ、人の秘密を漏らすことがないように、私の口を守ってください。中傷して歩く者ではなく、真実な思いを持つ人となることができますように。

　話すべき時と黙すべき時を知ることができますように。話すばかりで人の話を聞かない者ではなく、注意深く聞き、配慮のある言葉を語る者へと、私を変えてください。

10月10日

命をもたらす言葉を話したいとき

あなたは、自分の言葉によって義とされ、また、自分の言葉によって罪ある者とされる。

マタイによる福音書 12:37

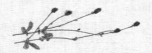

　主よ、言葉によって人を裁くことなく、人に救いと愛をもたらす言葉を話すことができますように。

　私自身や私の人生について語るときも、前向きな言葉を使うことを教えてください。

　聖霊を悲しませ、あなたに栄光をもたらさない言葉を語ることを私に許さず、私の心と口を守ってください。私の言葉が、人にも私自身にも命をもたらすものとなりますように。

きょうだいたち、裁かれることがないように、互いに
不平を言ってはなりません。見なさい、裁く方が戸口
に立っておられます。

ヤコブの手紙 5:9

　主よ、人の悪口や不平を言うなら、私も罪に定められ、厳し
く裁かれることになります。心の中で、もしくは口に出して、
人に批判的な態度を取るならば、あなたの祝福を遮ること
になるでしょう。

　私が人をおとしめる言葉を吐き始めたら、聖霊の力で私
の心に知らせてください。どの人にも良いものを見いだし、
その人の中から最良のものを引き出す言葉を発すること
ができるように、私を助けてください。

10月12日

命をもたらす言葉を話したいとき

私は言った
「舌で罪を犯さないように、私の道を守ろう。
悪しき者が私の前にいるうちは
口にくつわをはめておこう」と。

詩編 39:2

　主よ、舌で罪を犯すことがないように、私の口を守ってください。聖霊に満たされた愛の心で、いつも真実を話すことができますように。

　あなたのすぐそばを歩むなら、私に語りかけ、いつ何を話すべきかを教えてくださるあなたの声が聞こえるでしょう。

　特に、人をけなす言葉を決して発することがないように、私を助けてください。あなたを悲しませることを言わないように、私を守ってください。

人の子に言い逆らう者は赦される。しかし、聖霊に言い逆らう者は、この世でも来るべき世でも赦されることはない。

マタイによる福音書 12:32

　主よ、聖霊を冒瀆することを、私の心は望んでいません。聖霊の存在を知っていながら、自分の欲に駆られて聖霊に言い逆らうことは、あってはならないことです。

　命の限り、ただあなたのことを語ることができますように。私の話す言葉が、あなたへの愛と祝福と賛美だけになりますように。

10月14日

命をもたらす言葉を話したいとき

口を自ら制する者は命を保ち
いたずらに唇を開く者は滅びる。

箴言 13:3

　主よ、発する言葉に注意しなければ、あなたが私にくだ
さる全き人生を受け取ることはできません。私が発する言
葉は、自分への祝福にも呪いにもなるからです。

　後ろ向きで有害な思いが言葉となって出ないように、私の
中から消してください。人を批判し裁く態度や、高ぶる気持
ちも取り去ってください。口を自ら制し、命を保つことができ
るように、私を助けてください。

聞いて悟りなさい。口に入るものは人を汚さず、口から出て来るものが人を汚すのである。

マタイによる福音書 15:10-11

　主よ、あなたは私の人生に働き、私の中に全き心を創造しようとしておられます。私の言葉が人の徳を高めず、不純で汚れたものであるならば、この御業を自ら妨げることになるでしょう。

　私の心に正しくないものがあるなら、それが言葉となって口から出て来ないように正してください。命の言葉、愛と励ましの言葉をいつも発することができるように、私を助けてください。

10月16日

命をもたらす言葉を話したいとき

死も生も舌の力によっており
舌を愛する者はその実りを食べる。

箴言 18:21

　主よ、話す相手や置かれている状況に、死ではなく生をもたらす、賢明で公正な言葉を語らせてください。自分の発する言葉に注意深くあることができますように。

　あなたの律法と命令を私の心に刻みつけ、私の唇に善と正義の実を実らせてください。あなたの道を生きるなら、私はあなたと共に固い地の上に立ち続けるでしょう。

　私の言葉が、いつもあなたに栄光をもたらすものとなりますように。

20

弱いとき、強くある必要があるとき
10月17日から11月3日の祈り

*When I Need to Stand Strong
in Times of Weakness*

弱い者にも、「私は勇士だ」と言わせよ。

ヨエル書 4:10

　主よ、日々、私を強めてください。あなたを信じる私には、不可能なことも可能です。それは私に力があるからではなく、あなたが力ある方だからです。

　万物を治める全能の神が、私と共におられるのです。自分が弱いと感じるときには、「私は勇士だ」と宣言します。

　私の弱さをも祝福してくださるあなたに、感謝を献げます。今日、私の内に、あなたの力を見せてください。

10月18日

弱いとき、強くある必要があるとき

私を強めてくださる方のお陰で、私にはすべてが可能です。

フィリピの信徒への手紙 4:13

　　主よ、日々を生き抜く力を与えてください。聖霊の力で私を強め、追い詰められた状況の中でも、勇気をもって立たせてください。

　　私は今、大きな困難に直面しています。けれどもあなたは、そこに奇跡を起こす力をお持ちです。障害に負けることなく、恐れずに困難に立ち向かう力を私に与えてください。

　　私を強めてくださるキリストのお陰で、私にはすべてが可能です。感謝します。

主にあって、その大いなる力によって強くありなさい。

エフェソの信徒への手紙 6:10

　主よ、私が弱いとき、あなたは力を与えてくださいます。ゆえに私は、自分の弱さを不安に思う必要はありません。私が弱ければ弱いほど、あなたの力は強くなるからです。

　今日、あなたの力に頼り、恐れることなく御旨に従って歩みを進めます。あなたの大いなる力によって、私を強めてください。

10月20日

弱いとき、強くある必要があるとき

狭い門から入りなさい。滅びに至る門は大きく、その道も広い。そして、そこから入る者は多い。命に通じる門は狭く、その道も細い。そして、それを見いだす者は少ない。

マタイによる福音書 7:13-14

　主よ、私は主イエスを受け入れ、狭い門から入りました。あなたはその門から、命に通じる細い道を私のために備えてくださいました。けれどもあなたの助けがなければ、この道を歩き続けることはできません。

　私を助け、あなたに逆らう誘惑に勝たせてください。あなたは、あなたに従う者にすばらしいものを授けてくださる方です。それを一つ残らず受け取る者の列に、私を加わらせてください。

ひたすら主を畏れ、誠実に心を尽くして主に仕えなさい。主があなたがたになさった偉大な御業をよく考えなさい。

サムエル記上 12:24

　主よ、私の心は揺らいでも、あなたは揺るがない方です。弱いときには、あなたの力で立ち上がらせてください。不安なときには、あなたを賛美することができますように。

　困難に圧倒されそうなときには、あなたが私になさった偉大な御業を思い出させてください。あなたの御業を思うとき、私の信仰は強められ、前へと進む勇気が生まれます。

　私の人生に今あなたが起こそうとしておられる奇跡のゆえに、心を尽くしてあなたを賛美します。

10月22日

弱いとき、強くある必要があるとき

武力によらず、権力によらず
わが霊による──万軍の主は言われる。

ゼカリヤ書 4:6

　主よ、弱いことは罪ではありません。けれども私は弱い者です。あなたの力なくして生きていくことはできません。

　自分の力ではなく、あなたの力に頼らせてください。自分の努力ではなく、あなたの力によって強く立つことができますように。

　これからは、自力で何とかしようとすることをやめ、聖霊の力に頼ります。じたばたしないで待つならば、人生に起こるどんな出来事も、完璧な結果に終わると信じます。

悪魔の策略に対して立ち向かうことができるように、
神の武具を身に着けなさい。

エフェソの信徒への手紙 6:11

　主よ、敵に対して立ち向かうことができるように、あなたが
私のために備えてくださる武具を身に着けさせてください。
御言葉に強く立ち、あなたの道に従うことができますように。

　逆境を前にしても揺らぐことなく、信仰をしっかりと保つこ
とができるように、私を支えてください。

　弱い私をあなたにあって強い者とし、力強くあなたを
賛美することができるよう、どうぞ助けてください。

10月24日

弱いとき、強くある必要があるとき

主こそ私の力、私の歌。
私の救いとなってくださった。
歓喜と勝利の声が正しき人の天幕に響く。

詩編 118:14-15

　主よ、あなたこそ私の力、弱いとき、あなたを見上げます。
不安なとき、あなたは私の心に賛美の歌を与えてください
ます。

　私の救いとなってくださったあなたのゆえに、私は当ても
なく歩む人生から解放され、死からも救われました。今、私は
あなたの導きと力に頼ることができます。

　あなたは苦難の時の砦です。私は日々、あなたという岩の
上に立っています。

私の恵みはあなたに十分である。力は弱さの中で完全に現れるのだ。

コリントの信徒への手紙二 12:9

主よ、私の弱さの中にあなたの力を完全に現してください。

あなたは私を日常生活に関わるさまざまなことに召しておられます。けれども私は弱く、自分の力ではその召しに応えることができません。

キリストの力で私を強め、一日一日を走り抜かせてください。

10月 26日

弱いとき、強くある必要があるとき

主よ、あなただけは遠く離れないでください。
私の力の源よ、急いで助けに来てください。

詩編 22:20

　主よ、今あなたのところに行き、あなたの力に頼ります。私の中の弱い領域に、あなたが共にいてください。何が立ちはだかろうとも、強く立つことができるよう私を助けてください。

　あなたの力は何よりも偉大です。いつもあなたに頼ります。あなたはすぐそばにいて、私の力となってくださいます。感謝します。

主なる神が私を助けてくださる。
それゆえ、私は恥を受けることはない。
それゆえ、私は顔を火打ち石のようにし
辱められないと知っている。

イザヤ書 50:7

　主よ、人から受ける非難や批判にも、障害や差別にも、
負けずに立ち向かうことができますように。人の噂や侮辱、
汚名を着せようとする者からも、私を守ってください。

　人生に何が起こっても、私は辱められることはありません。
私の中の壊れた箇所を、あなたが修復してくださるからです。
起きた出来事は、大きな目的のためにあなたが許された
ことなのかもしれないのです。

10月28日

弱いとき、強くある必要があるとき

私たちの魂は主を待つ。
この方こそ我らの助け、我らの盾。

詩編 33:20

　主よ、もっとあなたの近くに行きます。あなたが私を強めてくださらなければ、将来私に起こることに向き合うことはできません。

　あなたこそ私の助け、私の盾。今日、あなたの力が必要です。私を守り、力強く立つことができるよう助けてください。

　日常生活の小さなことでさえ、あなたの召しに応えてすべきことをする力が、私には足りません。いつも私を助けてくださるあなたに、感謝を献げます。

目を覚ましていなさい。信仰にしっかりと立ちなさい。
雄々しく強くありなさい。

コリントの信徒への手紙一 16:13

　主よ、目を覚まして注意深く祈ります。逃げ隠れすること
なく、困難に雄々しく強く立ち向かうことができますように。
　自分の弱さに屈したり、妥協したりしないように、どうぞ力
を与えてください。あなたへの信仰にしっかりと立たせ、
私の内に現れるあなたの力を増し加えてください。

10月30日

弱いとき、強くある必要があるとき

疲れた者に力を与え
勢いのない者に強さを加えられる。
若者も疲れ、弱り、若い男もつまずき倒れる。
しかし、主を待ち望む者は新たな力を得
鷲^{わし}のように翼を広げて舞い上がる。
走っても弱ることがなく
歩いても疲れることはない。

イザヤ書 40:29-31

　主よ、弱いときには、あなたの強さを思います。何が起きても疑うことなくあなたに頼り、私を新しくしてくださるあなたの力を待ち望みます。

　私だけでは、前にしている困難に太刀打ち^{たちう}できるすべはありません。けれどもあなたを信じる私には、あなたの約束が与えられているのです。

弱いとき、強くある必要があるとき

主がその民に力を与えてくださるように。
主がその民を祝福してくださるように
平安のうちに。

詩編 29:11

　主よ、今日、私を強くしてください。私自身の内に力はありません。けれどもあなたの内にある私は、堅固な砦に住まっています。あなたは揺れる大地から私を抱き上げ、岩のように固い土地へと運んでくださるのです。

　あなたの力を今すぐに私の内に現してください。人知を超えた神の平和を与えてください。私のために働くあなたの力を知っている私の心は、喜びでいっぱいです。

11月1日

弱いとき、強くある必要があるとき

私は信じます
生ける者の地で主の恵みにまみえることを。

詩編 27:13

　　主よ、あなたは私の一生を、いつも恵みで満たしてくださいます。これまでも、これからもそうです。私たちは、生ける者の地であなたの恵みにまみえることができます。天の御国（くに）はこの地上にあるのです。

　　あなたに望みを置く私に、今日もあなたの御国を見せてください。絶望的な状況を前にしても挫けないように、あなたの力で勇気づけてください。

主を待ち望め。
勇ましくあれ、心を強くせよ。
主を待ち望め。

詩編 27:14

　主よ、あなたを待ち望みます。あなたは私の主。あなたの約束が実現するいちばん良いタイミングは、あなたがご存じです。

　祈りが聞かれないとき、夢が一向にかなわないとき。失望し、弱気なときには特に、あなたに信頼します。焦らずにあなたの時を待つ信仰と忍耐を与えてください。

　あなたは私の力。自分勝手に動きだすのではなく、あなたを待ち望みます。私の内に働いて、私の心と体と魂を、全きものへと回復してください。

11月3日

弱いとき、強くある必要があるとき

主はわが力、わが盾。
私の心は主に信頼し
私は助けられ、心は喜び躍る。
私は歌を献げて主に感謝する。

詩編 28:7

　主よ、全知全能の神よ、あなたを賛美します。あなたは私が弱いときの盾、おびえるときの守り、大地が揺れるときの岩。あなたは必ず、私の足取りを確かなものにしてくださいます。

　強くありたいとき、あなただけに依り頼むことができますように。人や物に頼る誘惑を遠ざけてください。弱いときにはいつも、あなたに賛美の歌を献げます。

21

キリストにある私は何者なのかを心に刻みたいとき
11月4日から11月17日の祈り

When I Need to Remember
Who I Am in Christ

誰でもキリストにあるなら、その人は新しく造られた者です。古いものは過ぎ去り、まさに新しいものが生じたのです。

コリントの信徒への手紙二 5:17

　主よ、私はキリストの内に新しく造られた者です。過去ははるか遠くへと過ぎ去りました。古いものはすべて、過去となったのです。

　私はもう、古い考え方の癖、かつての心の持ち方、もはや機能しない方法に固執する必要はありません。以前の自分の限界に制約されることもありません。

　自分が新しく造られた者であることを忘れずにいられますように。あなたは、私の過去ではなく未来から、私のことを見ておられるのです。

11月5日

キリストにある私は何者なのかを心に刻みたいとき

神は…天地創造の前に、キリストにあって私たちをお選びになりました。私たちが愛の内に御前で聖なる、傷のない者となるためです。御心の良しとされるままに、私たちをイエス・キリストによってご自分の子にしようと、前もってお定めになったのです。

エフェソの信徒への手紙 1:3-5

　愛する天の父よ、あなたは、あなたの子として私を選び、家族として迎え入れてくださいました。主イエスによって、私はあなたの前に罪のない者とされました。どんなに品行方正に生きたとしても、自分の力では不可能なことでした。

　キリストにあって、私は御前に聖なる、傷のない者です。この事実をいつも忘れずにいられるよう、私を助けてください。

私の愛するきょうだいたち、よく聞きなさい。神は、世の貧しい人を選んで信仰に富ませ、ご自分を愛する者に約束された御国(みくに)を、受け継ぐ者となさったではありませんか。

ヤコブの手紙 2:5

　愛する主よ、あなたは私の天の父、私はあなたの御国を受け継ぐ者です。あなたは心の貧しい私を選び、信仰に富む者としてくださいました。あなたの救いの御業(みわざ)によって、私の貧しい心は豊かにされたのです。感謝します。

　今もこれからも永遠に、私はあなたの子、あなたの豊かな御国を受け継ぐ者です。このことをいつも忘れずにいられますように。

11月7日

愛する人たち、私たちは、このような約束を受けているのですから、肉と霊のあらゆる汚れから自分を清め、神を畏れ、完全に聖なる者となりましょう。

コリントの信徒への手紙二 7:1

　主よ、あなたは約束を守られる方です。今日、私は手を差し出します。あなたが私のために備えてくださるものを、一つ残らず受け取りたいからです。あなたの約束を私の内に実現してください。

　あなたが良しとされない、肉と霊のあらゆる汚れから私を清めてください。そうした汚れは、キリストの内にあなたが造ってくださった本当の私になることを阻むものだからです。

言^{ことば}は、自分を受け入れた人、その名を信じる人々には、
神の子となる権能を与えた。

ヨハネによる福音書 1:12

　主よ、主イエスを心に受け入れ、その名を信じた私は、
神の子とされました。あなたは私の天の父、それゆえ私は
あなたが特別に取り分けてくださったものを受け継ぐこと
ができます。

　あなたから受け継ぐ御国^{みくに}についてよく理解することができ
ますように。私に与えようとあなたが用意しておられる良い
ものが何かを知り、それを受け取ることを求めることができ
ますように。

11月9日

私たちには尊く大いなる約束が与えられています。それは、あなたがたがこの約束によって、世の欲にまみれた腐敗を免れ、神の本性にあずかる者となるためです。

ペトロの手紙二 1:4

　主よ、あなたは私を神の本性にあずかる者としてくださいました。キリストの内にある私は、御国に至るまであなたに守られ、世の欲にまみれた腐敗から免れることができます。

　かつて抱いていた恐れや疑いを捨て、あなたが私に与えてくださった尊く大いなる約束をしっかりと心に収めます。

　キリストの内にあなたに造られた私とは、どのような者なのでしょう。それを十分に理解することができるよう、私を導いてください。

主は恵み深く、正しい。
それゆえに、罪人に道を示す。

詩編 25:8

　主よ、あなたは恵み深く、正しい神。私の人生に何が起こ
ろうと、あなたはそれを良いことのために用いてください
ます。

　私に道を示し、生き方を教えてください。何をするにもあ
なたに従うなら、私の人生は満たされ、全きものとされると
私は知っています。

　あなたは私のために、御子の命という代償を支払ってくだ
さいました。私も自分の命を、あなたに献げます。

11月11日

主は勇士のように出て行き
戦士のように熱情を奮い立たせ
鬨（とき）の声を上げ、雄たけびを上げ
その敵に向かって力を誇示される。

イザヤ書 42:13

　主よ、あなたは死と陰府（よみ）に打ち勝ち、敵の脅威から私を引き上げてくださいました。私は今、いつでも敵に打ち勝つことができます。キリストによって、私は勝利者なのです。

　あなたは勝利者として私を造られ、私の一生のあらゆる局面に勝利を与えてくださいます。このことを理解し、自覚して、人生を歩むことができますように。私が造られた目的を果たすことができるように、人生に勝利させてください。

生きるとすれば主のために生き、死ぬとすれば主のために死ぬのです。従って、生きるにしても、死ぬにしても、私たちは主のものです。

ローマの信徒への手紙 14:8

　主よ、私に何が起ころうと、私はあなたのものです。生きるにしても、死ぬにしても、私は主のもの。失敗したり、迷ったり、愚かなことをしても、あなたの愛は変わりません。祈ることや聖書を読むことを忘れても、私はずっとあなたのものなのです。

　自分の思いどおりに事を運ぼうとして頑張っている領域を、あなたに委ねます。これからは、私の人生の手綱をあなたが握ってください。

11月13日

キリストにある私は何者なのかを心に刻みたいとき

朝早くまだ暗いうちに、イエスは起きて、寂しい所へ出て行き、そこで祈っておられた。

マルコによる福音書 1:35

　父よ、目覚めたらまずあなたを思い、主イエスがなさったように、朝早いうちにあなたを求めることができますように。私は祈る者としてあなたに造られました。私はあなたの子どもです。一日に何度も、あなたの姿を求めます。

　キリストにあって、私はどのような存在なのでしょうか。これを理解するためには、独りであなたと共に過ごす時間を取らなければなりません。日々、中身の濃い時間をあなたと過ごすことができますように。

救われる人々の中でも滅びる人々の中でも、私たちは神に献げられるキリストのかぐわしい香りだからです。

コリントの信徒への手紙二 2:15

　主よ、あなたは私をキリストのかぐわしい香りとして造ってくださいました。あなたのことを知らない人々に、聖霊の慰めをもたらす者となれますように。

　あなたはご自身を知らせてくださる神、私にご自身を分け与えてくださる神です。あなたは私の中へと、あなたの全存在を注ぎ込んでくださいます。あなたに与えられたすべての良いものを、私も人に分け与えることができますように。

天は神の栄光を語り
大空は御手（みて）の業（わざ）を告げる。

詩編 19:2

　あなたの被造物を見れば、あなたが実在すること、あなたが偉大であることが分かります。そこには、あなたの永遠の力と神性（しんせい）がはっきりと現されているからです。

　あなたは私を造り、今も私の内に御心（みこころ）を行う心を造り続けておられます。私は世界を造られた神の子です。ですから私の人生は、良いものと決まっているのです。このことをいつも忘れずにいられますように。

古い人をその行いと共に脱ぎ捨て、新しい人を着なさい。新しい人は、造り主のかたちに従ってますます新たにされ、真の知識に達するのです。

コロサイの信徒への手紙 3:9-10

　神よ、あなたは、ご自身のかたちに従って私を新たにしてくださいます。私を日々、キリストに似たものとしてください。これを阻む古いものが私の中にあるならば、どうぞ取り去ってください。

　キリストの内にあなたが造ってくださった新しい人になるために、かつての私を捨てます。昨日の私さえも捨てることができますように。私の心を刷新し、ますますあなたに似たものとなれるように、私を造り変え続けてください。

11月17日

キリストにある私は何者なのかを心に刻みたいとき

彼は私たちの背きのために刺し貫かれ
私たちの過ちのために打ち砕かれた。
彼が受けた懲らしめによって
私たちに平安が与えられ
彼が受けた打ち傷によって私たちは癒やされた。

イザヤ書 53:5

　主イエスの十字架の苦しみは、私の罪の赦しのためだけではありませんでした。私を完全に癒やし、回復するためでもあったのです。

　神よ、私の体と心と魂を癒やしてください。私という人間全体を、私の命と生活と人生のすべてをあなたが満ち足らせ、全きものにしてください。あなたに救われた私の命は、朽ち果てることがありません。あなたと共に生きるなら、私は完全に新たにされ、隅々まで回復されるのです。

22
人間関係に助けが必要なとき
11月18日から12月1日の祈り

When I Need Help in My Relationships

何事も利己心や虚栄心からするのではなく、へりく
だって、互いに相手を自分よりも優れた者と考えな
さい。

フィリピの信徒への手紙 2:3

　主よ、いつも相手を自分よりも優れた者と考え、人間関係
に一切の利己心や虚栄心を持ち込まないこと、それが私の
目標です。

　私が関わる一人一人の人との関係を大切にし、あなたの
愛を示すことができますように。自分が人から何を得られる
かではなく、人に何を与えることができるかを、考えることが
できますように。

光の中にいると言いながら、きょうだいを憎む者は、今なお闇の中にいます。きょうだいを愛する者は光の中にとどまり、その人にはつまずきがありません。

ヨハネの手紙一 2:9-10

主よ、私が恨んでいる相手にされたこと、逆にしてもらえなかったことを忘れます。悲しみや苦しみを自分で引きずるのではなく、あなたの軛（くびき）を負います。どうぞあなたが私に代わって重荷を負ってください。

今、相手との関係を御手（みて）に委ねます。苦々しい思い、赦（ゆる）せない思いの闇の中に生きることはやめ、あなたの光の中にとどまります。つまずくことのない場所で、私は生きたいのです。

めいめい、自分のことだけではなく、他人のことにも
注意を払いなさい。

フィリピの信徒への手紙 2:4

主よ、あなたを信じる人たちと同じ思いとなることができま
すように。私たちが皆キリストの心と聖霊を内に持つならば、
思いを一つにすることは難しいことではないはずです。

自分を中心にして人と関わるのではなく、あなたを中心に
して人間関係を築くことができますように。

11月21日

人間関係に助けが必要なとき

できれば、せめてあなたがたは、すべての人と平和に過ごしなさい。愛する人たち、自分で復讐せず、神の怒りに任せなさい。「『復讐は私のすること、私が報復する』と主は言われる」と書いてあります。

ローマの信徒への手紙 12:18-19

　愛する主よ、すべての人と平和に過ごすことができますように。人との間に問題が生じたら、私から愛を示すことができますように。誰かに傷つけられたら、復讐するのではなく赦すことができるように、私を助けてください。

　こじれた人間関係を自分で解決しようと悪あがきするのではなく、あなたの御手に委ねます。あなたは、壊れた関係さえも変えることのできる、唯一の方だからです。

皆思いを一つにし、同情し合い、きょうだいを愛し、
憐れみ深く、謙虚でありなさい。

ペトロの手紙一 3:8

　愛する主よ、どうぞ私を、人に同情し、愛に溢れ、憐れみ
深く、親切で、謙虚な者としてください。私の言葉や行動が、
周りの人にとっての祝福となりますように。

　私の壊れた人間関係も、あなたの平和で支配してください。
私たちが心と心で結び合うことができるように、あらゆる争
いを取り去ってください。

11月23日

すべての人と共に平和を、また聖なる生活を追い求めなさい。聖なる生活を抜きにして、誰も主を見ることはできません。

ヘブライ人への手紙 12:14

　主よ、生活の中で関わるすべての人と共に、平和を求めることができますように。

　あなたは聖なる方、私もあなたと同じように聖なる者となることができますように。いつも人に対してあなたの愛を示し、一緒にいることが楽しい人となることができるよう、私を助けてください。

友はどのような時でも愛してくれる。
兄弟は苦難の時のために生まれる。

箴言 17:17

　主よ、人と衝突したら、あなたを見上げます。あなたには、そこから良いものを生み出すことも、一瞬で人間関係を変えることも可能です。人との関係が壊れたら、あなたに祈ります。壊れた関係を修復し、より良い関係へと変えてください。

　もしその関係がむしろ解消したほうがよいものなら、相手から離れることができるよう助けてください。そうすることが御心_{みこころ}ならば、あなたは私に癒やしを与え、前に進ませてくださると信じます。

知恵ある人と共に歩めば知恵を得
愚かな者と交われば災いに遭う。

箴言 13:20

　主よ、愚かな者と交わって災いに遭うことがないよう、友人を注意深く選ぶことができますように。信仰のある、知恵ある人と共に歩ませ、私もその人のようになれるように導いてください。

　友人との関係で嫌なことがあっても、あなたはその出来事を良いものへと変え、そこからプラスのものを引き出してくださいます。

　私のあらゆる人間関係にあなたの御業を現してください。厄介な相手にこそ、あなたの祝福を祈ることができますように。

悲しむ人々は、幸いである
その人たちは慰められる。

マタイによる福音書 5:4

　主よ、私の大切な人に起こった出来事について、悲しみが繰り返し私を襲います。どうぞこの悲しみから私を引き上げ、慰めてください。

　人との関係が絶たれたときにも、私の心を癒やし、悲しい記憶を消して、良いことは忘れずにいさせてください。

　未来への強い思いとビジョンを与え、それだけに私の思いを集中させてください。

11月27日

人間関係に助けが必要なとき

一人より二人のほうが幸せだ。
共に労苦すれば、彼らには幸せな報いがある。
たとえ一人が倒れても
もう一人がその友を起こしてくれる。
一人は不幸だ。倒れても起こしてくれる友がいない。

コヘレトの言葉 4:9-10

　愛する主よ、「一人は不幸だ」とあなたは言われました。
互いに自分を献げ合う固い友情は、誰にとっても大切なも
のです。
　どうぞ私にも、本気で関わってくれる友を与えてください。
私もその人に自分を献げます。互いに励まし合い、それぞれ
があなたともっと深く関わることができるよう、支え合うこと
ができますように。

忍耐と慰めの源である神が、あなたがたに、キリスト・イエスに倣って互いに同じ思いを抱かせ、心を合わせ、声をそろえて、私たちの主イエス・キリストの父なる神を崇めさせてくださいますように。

ローマの信徒への手紙 15:5-6

　主よ、御言葉を愛し、互いに同じ思いを抱いてあなたに仕える人たちと、信仰による友情を育むことができますように。私の交友関係が、あなたに栄光をもたらすものとなりますように。

　あなたを知らない私の友人たちに、キリストの救いを知らせてください。友に影響を及ぼすほどの信仰を、私に与えてください。

11月29日

人間関係に助けが必要なとき

あなたがたは、不信者と、釣り合わない軛<ruby>軛<rt>くびき</rt></ruby>を共にしてはなりません。

コリントの信徒への手紙二 6:14

　主よ、もし私が信仰のない人から悪い影響を受けているなら、そうと気付くことができますように。その人が救い主<ruby>主<rt>ぬし</rt></ruby>イエスを知ることができるよう導いてください。

　私の中の聖なるものが、あなたへと人を導くようになるほどに、どうぞ私を変えてください。

鉄は鉄で研がれ
人はその友人の人格で研がれる。

箴言 27:17

　愛する主よ、私の人生が満ち足りた、全きものとなるためには、信仰のある友を持つことがとても大切です。

　私に良い影響を与えてくれる友を与えてください。私の心がその人格で研がれ、あなたとの歩みを強めてくれる友。信仰において成長するよう私を励まし、苦難の時にそばにいてくれるような友です。私もそのような友となることができるよう、あなたが助けてください。

12月1日

人間関係に助けが必要なとき

神は、平和な生活を送るようにと、あなたがたを召されたのです。

コリントの信徒への手紙一 7:15

　主よ、私を平和の造り手としてください。その場の状況に平和をもたらすために、適切な言葉を教えてください。

　あなたは、平和な生活を送るようにと、私を召されたのです。私のすべてをもって、この召しに応えることができますように。どうぞ私の人間関係を、あなたの平和で治めてください。

23

神を近くに感じたいとき
12月2日から12月15日の祈り

When I Need to Feel
Close to God

神よ、あなたこそわが神。
私はあなたを探し求めます。
魂はあなたに渇き
体はあなたを慕います
水のない乾ききった荒れ果てた地で。

詩編 63:2

　主よ、この水のない乾ききった荒れ果てた地で、何よりも
あなたを慕います。あなたとの関係こそ、私の命の水が湧き
出る泉。いつもあなたを一番に求めます。

　今日、私の心の空しさ（むな）をあなたご自身で満たし、魂の渇き
を潤してください。聖霊というあなたの命の水を、私の中へ
と新たに注ぎ入れてください。

12月3日

神を近くに感じたいとき

主を尋ね求めよ、見いだすことができるうちに。
主に呼びかけよ、近くにおられるうちに。

イザヤ書 55:6

　　主よ、あなたは、あなたを尋ね求める者の近くにおられ
ます。今、あなたに呼びかけます。あなたがそこにおられる
ことを感じさせてください。悩みも疑いも、不安定に揺れ動
く心も、あなたが取り去ってください。

　　あなたの近くに行く者を、あなたは引き寄せてください
ます。今日、私はあなたの近くに行きます。あなたなしでは、
私は生きていくことができないのです。

あなたが祈るときは、奥の部屋に入って戸を閉め、隠れた所におられるあなたの父に祈りなさい。そうすれば、隠れたことを見ておられる父が、あなたに報いてくださる。

マタイによる福音書 6:6

　　主よ、私は今、ほかのことを置いて戸を閉め、あなたに近づきます。悩みも心配事も自分で握りしめることをやめ、あなたの足元に置きます。

　　私の心の秘密をあなたに打ち明けます。あなたの秘密も私と分かち合ってください。聖霊で新しく私を満たし、あなたの愛と平安と喜びを、いっそう深く味わわせてください。

12月5日

神を近くに感じたいとき

あなたがたの過ちが神とあなたがたとを隔て
あなたがたの罪が御顔を隠し
聞こえないようにしている。

イザヤ書 59:2

　　主よ、私の生き方があなたと私を隔てることがないように、
あなたに従い、あなたの道から外れることなく生きたいと願
います。

　　罪から離れ、あなたに向き直ります。あなたのそばを歩む
ことを阻むあらゆるものを、捨て去りたいのです。

正しき人よ、主によって喜び歌え。
賛美はまっすぐな人にふさわしい。

詩編 33:1

　主よ、日々立ち止まってあなたを礼拝しなければ、深く人生を味わうことはできません。あなたが主であるがゆえに、また私のための御業のゆえに、あなたを賛美します。私の人生にあなたがいてくださることに、心からの感謝を献げます。

　あなたの目に適う礼拝と賛美を献げるまっすぐな者へと、どうぞ私を変えてください。

12月7日

神を近くに感じたいとき

私はどのような時も主をたたえよう。
私の口には絶え間なく主の賛美がある。

詩編 34:2

　主よ、今、あなたを私の心へと招き入れます。あなたがおられる所、そこで私は癒やされ、全き者へと回復されます。あなたのいない場所では私は命を持たず、何一つ価値あることを達成することはできません。

　私が空しい思いにふけってあなたから遠ざかることがないように、決して私の手を離さないでください。どのような時も絶え間なくあなたを賛美し、あなたの近くを歩むように、私を導いてください。

日の昇る所から日の沈む所まで主の名は賛美される。

詩編 113:3

　主よ、朝も夜もあなたを賛美します。起きてから床に入るまで、ずっとあなたを賛美します。目覚めて最初に発する言葉から寝言に至るまで、すべてがあなたへの賛美となりますように。

　私の地上の命が絶えるときにも、最後の祈りをあなたへの賛美とすることができますように。

12月9日

神を近くに感じたいとき

主に感謝せよ。まことに主は恵み深い。
慈しみはとこしえに。

詩編 118:1

　主よ、小さな自分に意識を向けるのではなく、偉大なあな
たに目を留めさせてください。自分の必要が満たされること
ばかり考えるのではなく、あなたの恵みに従って生き、すで
に与えられているものを感謝することができますように。

　あなたが与えてくださる恵み、慈しみ、愛、平和、喜び、力、
そして休息の場のゆえに、賛美と感謝を献げます。あなたが
おられる所では、私は乏しいことがありません。

私の口はあなたへの賛美に満ち
日夜あなたの誉れをたたえます。
年老いた時、私を見捨てず
私が力衰えても、捨て去らないでください。

詩編 71:8-9

　　主よ、時に私は、生きることが手に負えないと感じます。
すべきこと、満たすべき基準、達成すべき目標があり過ぎ、
選択肢も恐ろしいほど多いのです。

　　ですから今、あなたに近づきます。もっと私を引き寄せてく
ださい。そして、私の心に「大丈夫」と語りかけてください。
私の視点ではなくあなたの視点から自分の人生を見ること
ができるように、私を助けてください。

12月11日

神を近くに感じたいとき

主を畏れる人とは誰か。
主はその人に選ぶべき道を示す。
その魂は恵みのうちに宿り
子孫は地を受け継ぐ。
主はご自分を畏れる者と親しくし
彼らに契約を知らせる。

詩編 25:12-14

　主よ、あなたを礼拝し、何よりもあなたを崇めます。新しい
方法でご自身を現し、あなたのことをもっと知らせてください。
あなたは全能の、不思議な業をなさる方、あなたを拝するこ
とは私の喜びです。あなたに近づくなら、あなたは私の心と
魂に、必要なことを教えてくださいます。

　あなたのそばで生きることができますように。そこで私は
癒やされ、全き者とされます。あなたと過ごすなら、すべては
あるべき姿になるのです。

主の聖なる名を誇れ。
主を求める者たちの心は喜べ。
主とその力を求めよ。
常にその顔を尋ねよ。
主の行われた奇しき業を
奇跡と主の口から出る裁きとを心に留めよ。

歴代誌上 16:10-12

　主よ、今日、御顔を尋ねます。あなたの声を聞かせてください。あなたが私の声を聞いてくださることを、分からせてください。あなたの近くで生きることができますように。人知を超えた神の平和は、そこにしかないからです。

　あなたの聖なる御名を崇めます。あなたは私の救い主、癒やし主、贖い主、与え主、万物を造られた全能の神。私の魂を生き返らせ、全き心を与えてくださる方です。

12月13日

神にこそ、私の救いと栄光はある。
わが力なる大岩、逃れ場は神のもとに。

詩編 62:8

　愛する主よ、あなたから私が引き離されることはありません。
私が行く所どこにも、あなたはおられます。

　誰一人私の居場所を知らなくても、あなたはご存じです。
あなたに見つけられない場所などありません。あなたが遠く
に感じられるとき、どうぞこのことを思い出させてください。

　私があなたを呼ぶなら、いつでもあなたは近くにいてくだ
さるということを、私に分からせてください。

鹿が涸れ谷で水をあえぎ求めるように
神よ、私の魂はあなたをあえぎ求める。

詩編 42:2

　天の父よ、心配で眠れない夜や、目の前のことに疲労困憊しているとき、いつにも増してあなたを慕います。私の魂は聖霊を捜し求めます。聖霊は私の慰め主、助け主。私の心を静めてくださる方です。

　父よ、あなたを捜し求めれば、あなたはいつでもそこにおられます。空しさを感じたら、すぐにあなたのところに走り寄ります。あなたは私を慰め、力づけ、落ち着かせて、聖霊を新たに注いでくださいます。

12月15日

命の泉はあなたのもとにあり
あなたの光によって、私たちは光を見ます。

詩編 36:10

　　主よ、あなたを礼拝し、畏れる私に、あなたは聖霊を豊か
に注ぎ、命を与えてくださいます。あなたご自身の命が、私の
中へと流れ込んで来るのです。この命の流れに乗るならば、
私は破壊と死の罠（わな）から逃れることができます。

　　あなたを賛美し、あなたに近づきます。あなたのそば、
それは命の泉が湧く所、聖霊が流れ出す所です。主よ、今
私を洗い清め、新しい命を与えてください。

24

私が造られた目的と私の未来を知りたいとき

12月16日から12月31日の祈り

When I Need to Understand
My Purpose and My Future

あなたがたのために立てた計画は、私がよく知っている——主の仰せ。それはあなたがたに将来と希望を与える平和の計画であって、災いの計画ではない。

エレミヤ書 29:11

　主よ、将来について確信が持てないときも、私の一生には目的と召しがあるということを忘れません。望みがかなう見通しが立たない時も、思い出します。私の人生はあなたのもの、それゆえ私の将来も、あなたの望まれるとおりになるということを。

　あなたは平和と希望の計画を、私のために約束してくださいました。それは私の想像をはるかに超える、すばらしい将来です。主よ、私のことを思ってくださり、感謝します。

12月17日

私が造られた目的と私の未来を知りたいとき

なんと美しいことか
山々の上で良い知らせを伝える者の足は。
平和を告げ、幸いな良い知らせを伝え
救いを告げ
シオンに「あなたの神は王となった」
と言う者の足は。

イザヤ書 52:7

　主よ、平和と解放を必要とする人に、あなたの救いの良い知らせを告げることができますように。自分の必要は後回しにして、人の必要を満たすことに集中できますように。

　行く所どこでも御国の福音を人に伝える方法を、私に教えてください。

　あなたはこの地を治められる方、私の心をも治めてください。そして、あなたが私のために備えてくださる未来へと、連れて行ってください。

主にあって召された奴隷は、主によって解放された
者であり、同様に、召された自由人はキリストの奴隷
だからです。

コリントの信徒への手紙一 7:22

　　主よ、私にはどのような賜物と召しが与えられているので
しょうか。あなたが私を造られた目的へと、私の歩みを向け
てください。あなたが私のために良い未来を備えておられる
ことを、私は信じます。

　　あなたを賛美し、私の前にあなたが置いてくださることの
すべてに感謝します。私のための召しと計画は、必ず実現す
ると信じます。私には、あなたが造られた本来の私になる自
由が与えられているのです。

12月19日

私が造られた目的と私の未来を知りたいとき

約束されたとおり、ご自分の民イスラエルに安住の地を与えられた主はたたえられますように。その僕_{しもべ}モーセを通して約束された主の恵みの言葉が、一つとして実現しないことはありませんでした。

列王記上 8:56

　主よ、聖書には、一人一人の僕を通して、あなたの約束が実現したことが書かれています。どうぞ私への約束も実現してください。

　あなたは私の必要を満たし、守り、私を造られた目的を果たしてくださる。そして私は、あなたと共に永遠の命を生きる——あなたは、そう約束してくださいました。あなたの約束を信じます。

　今この時も、あなたはその恵みの言葉を私の人生に実現しておられます。感謝します。

あなたの天幕の場所を広くし
住まいの幕を惜しまず広げ
綱を長くし、杭を揺るぎないものとせよ。
あなたは右に左に増え広がり
子孫は国々を所有し
荒れ果てた町を人の住む所とする。

イザヤ書 54:2-3

　主よ、あなたが約束された未来を信じます。その未来へと導くあなたに従い、信仰の歩みを進めます。

　あなたが治めてくださる人生の領域を広げ、さらに多くの良いもので満たしてください。あなたが私の人生に注いでくださる祝福を豊かに受けることができるように、いつまでも私の地平を広げてください。

12月21日

言うべきことは、聖霊がその時に教えてくださる。

ルカによる福音書 12:12

　主よ、私が造られた目的は、人に対してあなたの愛を現す存在となることだと、私は知っています。そのような存在へと私を成長させ、そのためにどうしたらよいかも教えてください。

　あなたへと人を導く者となることができますように。聖霊で私を導き、あなたの救いと希望について大胆に語る者としてください。

よくよく言っておく。信じる者は永遠の命を得ている。
私は命のパンである。

ヨハネによる福音書 6:47-48

　主よ、あなたを信じる私の未来は保証されています。この
地上の未来だけでなく、御国（みくに）で過ごす永遠の未来も、確実
にあるのです。

　主よ、感謝します。あなたは命のパン、あなたはあらゆる
面で私の命を支えてくださいます。将来を案ずる必要はあり
ません。あなたは私の必要をご存じで、私が願う前にすべて
満たそうとしておられます。

12月23日

神は、あらゆる恵みをあなたがたに満ち溢れさせる
ことがおできになります。こうして、あなたがたは常
にすべてのことに自足して、あらゆる善い業に満ち
溢れる者となるのです。

コリントの信徒への手紙二 9:8

　主よ、私の人生にはあなたの恵みが満ち溢れ、足りない
ものはありません。ありがとうございます。

　人の祝福となる、意義のあるプラスの変化を周囲にもた
らす人生を送り、あなたが私に望まれるあらゆる善い業を
成し遂げたいと願います。

　そのために必要なものすべてを、私に与えてください。

あなたがたは喜びをもって出て行き
平和のうちに導かれて行く。
山々と丘はあなたがたの前で歓声を上げ
野の木々もすべて、手を叩く。

イザヤ書 55:12

　主よ、あなたの御業を行うために、喜びをもって出て行きます。平和のうちに私を導いてください。あなたの御旨を成し遂げる覚悟を与え、何をするにもあなたに従わせてください。

　あなたを賛美し、崇めます。被造物が上げる歓声を、私にも聞かせてください。あなたは私の内にすばらしいことをしてくださる方、私を通して働かれ、私の周りにも奇跡を起こしてくださる方です。

12月25日

私が造られた目的と私の未来を知りたいとき

神の御心を行って約束のものを受けるためには、
忍耐が必要なのです。

ヘブライ人への手紙 10:36

　　主よ、これから直面する困難を耐え抜く力を与えてくだ
さい。御心を行い、私が造られた目的を果たすことができ
ますように。そして、あなたが私にくださる約束のものを、
一つ残らず受けることができますように。

　　たゆまず祈る者へと私を変えてください。あなたに従い続
ける忍耐を与えてください。忍耐強くあなたの御心を行った
なら、この地で、そして御国で、私は約束のものを受けるの
です。

これこそ、御子(みこ)が私たちと交わされた約束、永遠の命です。

ヨハネの手紙一 2:25

　主よ、私が造られた目的を知るため、あなたが用意された道を歩む私の前に、いつも永遠を置いてください。

　御国(みくに)であなたと永遠に過ごす時まで、日々誠実にあなたに仕えることができますように。主イエスがくださった約束、その中で最もすばらしいものは、永遠の命です。私が永遠に生きるために、御子が払われた犠牲のゆえに、あなたを賛美します。

12月27日

その方、すなわち真理の霊が来ると、あなたがたを
あらゆる真理に導いてくれる。その方は、勝手に語
るのではなく、聞いたことを語り、これから起こるこ
とをあなたがたに告げるからである。

ヨハネによる福音書 16:13

　　主よ、真理の霊によって、私が生まれた目的を教えてくだ
さい。未来のビジョンを見せ、私を安心させてください。
　　詳しいことは秘密なのかもしれません。それでも私には希
望に満ちた未来があることを、どうぞ分からせてください。

私たちの内に働く力によって、私たちが願い、考えることすべてをはるかに超えてかなえることのできる方に、教会により、また、キリスト・イエスによって、栄光が世々にわたって、とこしえにありますように、アーメン。

エフェソの信徒への手紙 3:20-21

　主よ、あなたは「私たちが願い、考えることすべてをはるかに超えてかなえることのできる方」、これは驚くべき言葉です。

　これからあなたがなさる御業（み わざ）を、大いに期待して待ち望みます。あなたは私の内で奇跡を起こし、私を通してあなたの御業をなさいます。私自身がその妨げとならないよう、どうぞ助けてください。

12月29日

私が造られた目的と私の未来を知りたいとき

主は高殿（たかどの）から山々を潤す方。
主の業（わざ）の実りで地は満ち足りる。
家畜のために草を
人間の働きに応じて青草を生やす方。

詩編 104:13-14

　主よ、人生の実りが少なく思えるときも力を落とすことなく、あなたを私の内へと招き入れます。あなたは豊かな実りの源、命を与えるあなたの力を私の内に放ってください。私の中の不毛な土地を、実り豊かな土地にしてください。

　「私には価値あるものなど生み出せない」と感じたら、あなたを賛美します。あなたの召しに応え、私が造られた目的を果たすことができますように。けれどもあなたの力なくして、それは不可能なのです。

主よ、私にあなたの道を知らせ
行く道を教えてください。
あなたの真実によって導き
教えてください。
あなたこそ、わが救いの神。
私は日夜、あなたを待ち望んだ。

詩編 25:4-5

　主よ、あなたに知らされなければ、私は行く道を知りません。
あなたに語られなければ、あなたの道を理解することもできません。聖霊の力で私を導き、知恵を与えてください。

　私の心を清め、日々もっとあなたに似たものとしてください。
あなたに似たもの、それは、あなたに造られた本来の私です。あなたが私のために備えておられる未来へと、私を導いてください。一歩たりとも、あなたなしで歩むことはしません。

私は、闘いを立派に闘い抜き、走るべき道のりを走り終え、信仰を守り通しました。今や、義の冠が私を待っているばかりです。かの日には、正しい審判者である主が、それを私に授けてくださるでしょう。私だけでなく、主が現れるのを心から待ち望むすべての人に授けてくださるでしょう。

テモテへの手紙二 4:7-8

　主よ、後ろのものを忘れ、前のものに全身を向けます。私の人生の目標は、あなたの召しに応えて私の役割を果たすことです。目標を目指してひたすら走り、信仰の闘いを立派に闘い、私のためにあなたが備えておられる一生を、妥協することなく生き抜くことができますように。

　私を過去から引き上げ、私のための計画へと入らせてください。そして、あなたが完成してくださる全き人生を得させてください。

この本を彩る植物

ひと時の黙想 全き心を求めて

著 者	ストーミー・オマーティアン	
翻 訳	日本聖書協会	

組版・装幀	長尾　優 Logos Design	
挿 絵	日本聖書協会	

Originally published under the title;
Prayers for Emotional Wholeness – 365 Prayers for Living in Freedom.

Copyright ©2007 by Stormie Omartian
Published by Harvest House Publishers, USA
Japanese edition ©2021 by Japan Bible Society
All rights reserved.

『聖書 聖書協会共同訳』©日本聖書協会 2018

2021年11月1日　初版発行
2022年10月1日　第2刷

発行
一般財団法人 日本聖書協会
東京都中央区銀座四丁目5-1
電話 03-3567-1987
https://www.bible.or.jp/

ISBN 978-4-8202-9278-4
Printed in China
JBS-ed.2-3,000-2022